JN112383

ビジネス実務マナー検定
受験ガイド

2級

〈増補版〉

公益財団法人 実務技能検定協会

まえがき

　現代社会は企業によって成り立っています。そこでこの社会は「企業社会」または「ビジネス社会」という言い方がされています。

　社会ですからそこに生きる人は，その社会を知って身を処していかなければなりません。

　ビジネス社会には，その社会を律するための秩序があります。この秩序を知ることがビジネス社会を知ることです。社会を知ったら，それに合わせて行動することが身を処するということです。

　本書の書名の「ビジネス実務マナー」とは，ビジネス（実務）社会に身を置いたときの身の処し方（マナー）を扱っています。

　今，世間では，一般に規範を守る意識が薄くなり，その元になる礼儀，道徳心の欠如が問題になっていますが，ビジネス社会ではこのようなことは許されません。

　世間では規範に従わなくても生活に直接影響しませんが，ビジネス社会では秩序に従って規範を守らないと社会が成り立たないからです。

　本書は検定試験受験ガイドとして受験のための基礎知識を扱っていますが，内容はビジネス社会の秩序と規範についてのことです。

　現代社会での自己実現は多くの場合職業生活を通じてしかできません。本書の活用により検定に合格し，ビジネス社会の一員として自信を持って活躍できることを期待しています。

増補版の発行について

　令和2年度より，ビジネス実務マナー検定の出題領域に「電話実務」が新たに取り入れられました。これにより従来の「ビジネス実務マナー検定受験ガイド2級」に，第4章を「電話実務」として追加し，第4章「技能」領域を第5章として改めました。
　なお，第4章以外（第1章，第2章，第3章と第5章）の内容は，従来の受験ガイド2級と変わっていません。

本書の使い方について

　本書＝「ビジネス実務マナー検定受験ガイド2級〈増補版〉」は，ビジネス実務マナー検定の審査基準に基づいて編集された公式受験参考書で，2級合格に必要な道筋を示しています。

　本書では「『ガイド3』から，その内容を再確認してください」という記述が何度も出てきます。これは，別売の「ビジネス実務マナー検定受験ガイド3級〈増補版〉」に立ち返って復習してくださいというアドバイスです。本書は受験ガイド3級を基本に置いて，その応用編として作られたものだからです。基礎が身に付いた上で本書を学習している方は気にせず勉強を続けてください。しかし，初めてビジネス実務マナー検定を勉強される方には「受験ガイド3級」から学ばれることをお勧めいたします。

　各項の「事例研究」は，その領域から出題された代表的な過去問題を取り上げました。一つ一つ丁寧に解き進めてください。
　また，「ビジネス実務マナー検定実問題集1・2級」を併用すれば，より効果的な試験対策ができます。

　本書は「ビジネス実務マナー検定2級」に合格するための参考書ですが，**ビジネス実務社会で活躍できるビジネスパーソンとしての礎を築くためのガイドブック**でもあります。特に「コラム」は実際のビジネスの現場を紹介しています。ここから，ビジネスパーソンとしての態度・振る舞い，活躍ぶりなどを学んでください（人名の肩書は当時のままとしています）。
　また，コラム等で引用した事例の書籍も，機会があればぜひ手に取ってお読みください。

目 次

Ⅰ 必要とされる資質

(1) ビジネスマンとしての資質

(2) 執務要件

Ⅱ 企業実務

(1) 組織の機能

Ⅲ 対人関係

(1) 人間関係

(2) マナー

(3) 話し方

目 次

Ⅳ 電話実務

Ⅴ 技能

ビジネス実務マナー技能検定の受け方

1 ビジネス実務マナー技能検定試験の概要

①ビジネス実務マナー技能検定試験の範囲
試験の範囲は次の5領域です。
- Ⅰ　必要とされる資質
- Ⅱ　企業実務
- Ⅲ　対人関係
- Ⅳ　電話実務
- Ⅴ　技能

級位には3級, 2級, 1級があり, それぞれの級位によって, 必要とされる技能の段階に違いがあります。詳しくは「審査基準」をご覧ください。

②各級位において期待される技能の程度
■3級の程度
ビジネス実務の遂行に必要な一般的知識を持ち, 平易な業務を行うのに必要な技能を持っている。
■2級の程度
ビジネス実務の遂行について理解を持ち, 一般的な業務を行うのに必要な知識, 技能を持っている。
■1級の程度
ビジネス実務の遂行について深い理解を持ち, 業務全般に関して, 高度の知識, 技能を発揮できる。

③試験の方法
2級・3級は筆記試験によって, 受験者の技能が審査されます。問題は選択肢による択一方式によるものと, 記述式の解答をするものから構成されます。

1級は, 全問題とも記述式です。また, 筆記試験合格者には面接試験が課されます。

④受験資格
どなたでも受験することができます。学歴・年齢その他の制限は, 一切ありません。

⑤検定についてのお問い合わせ
試験の実施日・会場・検定料, 合否通知, 合格証の発行などについては, 「検定案内」をご覧ください。その他, 不明の点は, 下記へお尋ねください。

公益財団法人 実務技能検定協会　ビジネス実務マナー技能検定部
〒169-0075　東京都新宿区高田馬場一丁目4番15号
電話　(03) 3200-6675

2 ビジネス実務マナー技能審査基準

ビジネス実務マナー技能の審査基準は以下のように定められています。

3 級

程度	領　域		内　容
ビジネス実務の遂行に必要な一般的知識を持ち、平易な業務を行うのに必要な技能を持っている。	Ⅰ 必要とされる資質	(1) ビジネスマンとしての資質	① 適切な行動力，判断力，表現力が期待できる。 ② 明るさ，誠実さを備えている。 ③ 身だしなみを心得ている。 ④ 自己管理について，理解できる。
		(2) 執務要件	① 平易な仕事を，確実に実行できる能力がある。 ② 良識を持ち，素直な態度をとることができる。 ③ 適切な動作と協調性が期待できる。 ④ 積極性，合理性，効率性について，理解できる。
	Ⅱ 企業実務	(1) 組織の機能	① 業務分掌について，一応，理解している。 ② 職位，職制について，一般的に知っている。 ③ 会社などの社会的責任について，知っている。
	Ⅲ 対人関係	(1) 人間関係 (2) マナー	① 人間関係への対処について，一応，理解している。 ① ビジネス実務としてのマナーを心得ている。 ② ビジネス実務に携わる者としての服装について，一応の知識がある。
		(3) 話し方	① 話の仕方と人間関係との結び付きが分かる。 ② 基礎的な敬語を知っている。 ③ 目的に応じた話し方について，一応，理解している。
		(4) 交際	① 慶事，弔事に関する作法と服装について，一般的な知識を持っている。 ② 一般的な交際業務について，初歩的な知識がある。
	Ⅳ 電話実務	(1) 会話力	① 感じのよい話し方について，一応，理解している。 ② 整った分かりやすい話し方について，一応の知識がある。
		(2) 応対力	① 用件や伝言の受け方について，一応の知識がある。 ② 用件や伝言の伝え方について，一応の知識がある。 ③ 電話の特性について，初歩的な知識がある。 ④ 電話の取り扱いについて，基礎的な知識がある。
	Ⅴ 技能	(1) 情報	① 情報について，一般的な知識がある。 ② 情報の整理について，基礎的な知識がある。 ③ 情報の伝達について，基礎的な知識がある。
		(2) 文書	① 文書の作成について，初歩的な知識がある。 ② 文書の取り扱いについて，基礎的な知識がある。
		(3) 会議	① 会議について，基礎的な知識がある。
		(4) 事務機器	① 事務機器の基本機能について，一応，知っている。
		(5) 事務用品	① 事務用品の種類と機能とを知っている。

※令和2年度より，出題領域に〔電話実務〕を新たに取り入れます。

2 級

程度	領域		内　容
ビジネス実務の遂行について理解を持ち、一般的な業務を行うのに必要な知識、技能を持っている。	Ⅰ 必要とされる資質	(1) ビジネスマンとしての資質	① 状況に応じた行動力, 判断力, 表現力が期待できる。 ② 明るさ, 誠実さを備えている。 ③ 身だしなみを心得ている。 ④ 自己管理ができる。
		(2) 執務要件	① 一般的な仕事を, 確実に実行できる能力がある。 ② 良識を持ち, 模範となる態度をとることができる。 ③ 協調性のある行動をとることができる。 ④ 積極性, 合理性, 効率性について, 十分理解できる。
	Ⅱ 企業実務	(1) 組織の機能	① 業務分掌について, 理解がある。 ② 職位, 職制の持つ役割および機能について, 知識がある。 ③ 会社などの社会的責任および役割について, 知識がある。
	Ⅲ 対人関係	(1) 人間関係	① 人間関係への対処について, 理解がある。 ② 人間関係の心理について, 基礎的な知識がある。
		(2) マナー	① ビジネス実務としてのマナーを活用できる。 ② ビジネス実務に携わる者としての服装について, 基礎的な知識がある。
		(3) 話し方	① 話し方の成立要件が理解でき, 人間関係への結び付きが分かる。 ② 一般的な敬語が使える。 ③ 目的に応じた話し方ができる。
		(4) 交際	① 慶事, 弔事に関する作法と服装および式次第について, 一般的な知識を持っている。 ② 一般的な交際業務について, 知識がある。
	Ⅳ 電話実務	(1) 会話力	① 感じのよい話し方について, 理解がある。 ② 整った分かりやすい話し方について, 知識がある。
		(2) 応対力	① 用件や伝言の受け方について, 知識がある。 ② 用件や伝言の伝え方について, 知識がある。 ③ 電話の特性について, 知識がある。 ④ 電話の取り扱いについて, 知識がある。
	Ⅴ 技能	(1) 情報	① 情報活動ができる。 ② 情報の整理ができる。 ③ 情報の伝達ができる。
		(2) 文書	① 基本的な文書が作成できる。 ② 一般的な文書の取り扱いができる。
		(3) 会議	① 会議について, 一般的な知識がある。 ② 会議の運営について, 基礎的な知識がある。
		(4) 事務機器	① 事務機器の機能について, 知識がある。
		(5) 事務用品	① 事務用品を適切に使うことができる。

※令和２年度より, 出題領域に〔電話実務〕を新たに取り入れます。

1 級

<table>
<tr><th>程度</th><th colspan="2">領　域</th><th>内　容</th></tr>
<tr><td rowspan="20">ビジネス実務の遂行について深い理解を持ち、業務全般に関して、高度の知識、技能を発揮できる。</td><td rowspan="2">Ⅰ　必要とされる資質</td><td>(1)　ビジネスマンとしての資質</td><td>①　状況に応じた行動力、判断力、表現力がある。
②　明るさ、誠実さを備えている。
③　身だしなみを心得ている。
④　自己管理ができる。</td></tr>
<tr><td>(2)　執務要件</td><td>①　一般的な仕事を、確実に実行できる能力がある。
②　良識を持ち、模範となる態度をとることができる。
③　協調性のある適切な行動をとることができる。
④　積極性、合理性、効率性について、深い認識がある。</td></tr>
<tr><td>Ⅱ　企業実務</td><td>(1)　組織の機能</td><td>①　業務分掌について、深い理解がある。
②　職位、職制の持つ役割および機能について、深い認識がある。
③　会社などの社会的責任および役割について、深い認識がある。</td></tr>
<tr><td rowspan="4">Ⅲ　対人関係</td><td>(1)　人間関係</td><td>①　適切な対人行動をとることができる。
②　人間関係の心理について、知識がある。</td></tr>
<tr><td>(2)　マナー</td><td>①　ビジネス実務としてのマナーを活用できる。
②　ビジネス実務に携わる者としての服装について、知識がある。</td></tr>
<tr><td>(3)　話し方</td><td>①　話し方の成立要件が認識でき、人間関係への結び付きが理解できる。
②　高度な敬語が使える。
③　目的に応じた話し方が適切にできる。</td></tr>
<tr><td>(4)　交際</td><td>①　慶事、弔事に関する作法と服装および式次第について、全般的な知識を持っている。
②　交際業務全般について、深い知識がある。</td></tr>
<tr><td rowspan="2">Ⅳ　電話実務</td><td>(1)　会話力</td><td>①　感じのよい話し方ができる。
②　整った分かりやすい話し方が適切にできる。</td></tr>
<tr><td>(2)　応対力</td><td>①　用件や伝言の受け方が適切にできる。
②　用件や伝言の伝え方が適切にできる。
③　電話の特性について、深い知識がある。
④　電話の取り扱いが適切にできる。</td></tr>
<tr><td rowspan="5">Ⅴ　技能</td><td>(1)　情報</td><td>①　情報活動が効率よくできる。
②　情報の整理が合理的にできる。
③　情報の伝達が適切にできる。</td></tr>
<tr><td>(2)　文書</td><td>①　一般的な文書が効率よく作成できる。
②　文書全般について、取り扱いが適切にできる。</td></tr>
<tr><td>(3)　会議</td><td>①　会議について、深い知識がある。
②　会議の運営が一応、できる。</td></tr>
<tr><td>(4)　事務機器</td><td>①　事務機器の機能について、知識がある。</td></tr>
<tr><td>(5)　事務用品</td><td>①　事務用品を適切に使うことができる。</td></tr>
<tr><td colspan="3">（備考）ビジネスマンの適性としての口頭表現について面接による審査を付加する。</td></tr>
</table>

※令和2年度より、出題領域に〔電話実務〕を新たに取り入れます。　　©公益財団法人 実務技能検定協会

I

必要とされる
資質

omoiyari

① ビジネスマンとしての資質

① 状況に応じた行動力，判断力，表現力が期待できる。
② 明るさ，誠実さを備えている。
③ 身だしなみを心得ている。
④ 自己管理ができる。

1 状況に応じた行動力，判断力，表現力が期待できる

行動力，判断力，表現力は，言葉は独立していますが，現実の発揮の場面ではそれぞれが重複したり複合したりするわけですから，総合力とでもいうようなことになります。

最近よく耳にする，ビジネスソリューション（ビジネスの場における問題解決）は，まさにこの行動力，判断力，表現力の総合が力を発揮しているわけです。が，現実にこれが力になるには，その土台になる**人間性**がしっかりしていないと力の発揮はできません。ということで，それを次の事例から検討してみましょう。

事例研究① 状況に応じた行動力，判断力，表現力が期待できる **case study**

顧客係の大宮義雄は，行動力，判断力，表現力は総合的に発揮されるものと指導された。次は大宮が，その指導に基づいて対応した例である。中から適当と思われるものを一つ選びなさい。

(1) 態度やマナーのよくない人は信用できないので，常に疑いの心をもって対応した。

(2) 感情的な発言に対しては，相手が誰であっても意に介さずビジネスライクに対応した。

(3) 丁寧な言葉遣いをして顧客から嫌な顔をされたが，気にせずに態度は変えずに対応した。

(4) 取るに足らないようなミスであっても，ミスはミスとして厳正に対処する姿勢で対応した。

(5) 相手の非難は，それが正しくても相手のプライドを傷つけることがあるのでそれを意識して対応した。

事例解説　　　　　　　　　　　　　　　　　　　　　　instructions

　いかがでしょうか。**適当な選択肢は(5)**になります。

　人の心はさまざまです。そして，人はいつでも冷静で理知的な受け取り方をするとは限りません。いくら言われたことが正しくても，人からとやかく言われたくない，認めたくもない，そんな頑（かたく）なな気持ちが心のどこかにあるものです。虚栄心，自尊心（プライド）だってあるでしょう。まずはこのような心理傾向を，しっかり受け止め対応していくべきでしょう。**「人の思いを推し量る」**。これが，**状況に応じた行動力，判断力，表現力の基盤となる人間性**です。**人　柄（ヒューマンスキル）**です。

　では，その他の選択肢はなぜ不適切になるのでしょうか。以上のことを踏まえて検討してみましょう。

　まず**選択肢(1)**のケース。これを何というでしょうか。「一事が万事」と言います。一つのよくない例を挙げ，だから全てよくないのだと判断してしまうというものです。

　でも，この一方的な決め付けはいけない。まずは，相手に関心を持ち，その人のよさを見つめる心の姿勢こそが大切です。そしてこれが，互いに良好なコミュニケーションを築いていくための出発点になります。**人に関心（好意）を持って接する**。そういうことでしょうか。

　　　　＊「疑えば目に鬼を見る」。これを疑心暗鬼という。疑う心からは何も生まれない。

　では，**選択肢(2)**のケースはどうでしょうか。もちろん，場合によっては感情に動かされず，冷静に理性の判断に従うことは大切でしょう。でも，ここでの問題点は，全く意に介さない（問題にしない）態度です。

　感情とは，事に触れて起こるさまざまの微妙な心の動きのことです。ここであなたは，この微妙な心の動きから，「なぜ，そのような発言になるのか。本意はどこにあるのか（何か大切なことを伝えようとしているのか）」などに気を配り，謙虚に対応していく必要があります。**感情（情緒）への深い配慮**です。これができれば一緒に問題解決を図ることもできるでしょう。

　それでは**選択肢(3)**の問題点はどこにあるでしょうか。それは，顧客から嫌な顔をされても頑なにこの態度を崩さずに対応しているところです。

確かに，丁寧さを崩さずにきちんと対応していくのはマナーの基本です。言葉遣いが丁寧過ぎても問題のない場合もあるでしょう。

　でも，どうでしょうか。この顧客は不快な思いをしています。ここは，「申し訳ございませんでした。かなり緊張しておりまして」などと言いながら，顧客の気持ちに沿った言葉遣いに修正していく必要があるでしょう。**言葉遣いや態度マナーは，相手があって初めて成り立つものだから**です。そしてその基本は，**不快な思いをさせない**。これに尽きるでしょう。ビジネス実務マナーです。

> ＊顧客はなぜ嫌な顔をしたのか。「慇懃無礼」だからである。慇懃無礼とは，表面の態度は丁寧なようだが，心の中では相手を見下しているさまのこと。そして，実際，丁寧で礼儀正しい態度は，このように受け取られることも多いので注意が必要だ。そして，これも人の世である。

> ＊相手の気持ちを慮った感じのよい言葉遣いをする。これが人柄でありヒューマンスキル。

そして**選択肢(4)**の問題点。

　確かに，過ちは過ちとして厳しく対応していかなければならない場合もあります。でも，このケースは「取るに足らない過ち」です。ここは，厳しく責め立てるのではなく，「過ちは誰にでもある。これから気を付けよう」と，それとなくやんわりと対処していけばよいでしょう。

> ＊選択肢(5)の「相手のプライドを傷つけてしまう場合もあることを心得ておくこと」がここでも重要になる。

> ＊重箱の隅を楊枝でほじくるようなことはしないということ。その人間性が透けて見える。

要点整理　　　　　　　　　　　　　　　　　　　the main point

■ 状況に応じた行動力，判断力，表現力が期待できる

1 道徳心と行動力，判断力，表現力

　『ビジネス実務マナー検定受験ガイド3級＜増補版＞』（以下，『ガイド3』）で，「行動力，判断力，表現力のよりどころは**道徳心**にある」。そう解説しました。では道徳心がなぜ，そのよりどころになるのか。礼儀正しさ，協調性，誠実さ，思いやり，良識などの道徳心がないと，事の善しあしをわきまえた適切な**行動力，判断力，表現力**が発揮できないからです。もち

14

ろん，状況に応じた**対人関係**の中で。

そして，ここで問われるのが**人間性**です。相手の気持ちを推し量ることができる人。出題の意図もここにあります。そして，これが対人関係におけるベストな**道徳心（ヒューマンスキル）**でしょう。

> ＊選択肢(5)には，良好な人間関係をつくり出す営み（行為）として道徳心がある。相手の人格（個性）を認める，相手の立場を尊重する心などがそうである。

2 人間性と行動力，判断力，表現力

① 人の感情をないがしろにしない

「人は感情の動物である」といわれています。であれば，まず**感情への深い配慮が必要**になるでしょう。言うまでもなく，**人は理性（知性）だけの存在ではない**からです。これによって初めて，良好なコミュニケーションを図ることもできます。そしてこれが**人を理解する第一歩**ということでもあるでしょう。

> ＊「パンセ」に，「二つの行き過ぎ。理性を排除すること、理性しか認めないこと」（前田陽一 責任編集『中公バックス世界の名著29パスカル』中央公論社）とある。
> ＊マナーや言葉遣いでも行き過ぎはよくないだろう。「どうも堅苦しいなあ」と思われてしまったら，いつまでたっても互いの距離感は縮まらないからだ。敬意の表し方はほかにいくらでもある。感じのよい人柄（人間性）もその一つだ。

② とがめない

孔子の言葉に「**既往は咎めず**」というものがあります。「**過去はとがめまい**」（金谷治訳注『論語』岩波文庫）という意味です。

そして，ここでいわんとしているのは，「過ちをとやかく非難しても仕方がない。むしろ同じ過ちを二度と繰り返さないように，これから気を付けよう」ということなのでしょう。**寛容，許す心**。そんな思いです。

根掘り葉掘り言い立てても明日はありません。これからの仕事につながるように，判断し行動していかなければならないでしょう。そう，これが**人間性（優しさ）**であり**表現力（マナー）**です。

> ＊直木賞作家の石田衣良さんは，「ぼくたちはなぜ、自分以外の人にこれほど厳しくなったのだろうか」（『傷つきやすくなった世界で』日本経済新聞出版社）と問うている。わたしたち一人一人が，よくよく検討して

みるべき言葉だろう。

＊「寛容」と関連している言葉には，心が広い，懐（ふところ）が深い（包容力），情け深い，リベラル，温情，受容などがある。そして，ここに温かな人間性（優れた品性）が垣間見える。

③ 見た目で判断しない

「人は見た目が9割」といっても，これは見た側の言い分。そしてここには，先入観もあれば偏見だってあるでしょう。ましてや，初めて会った人のことなどそう簡単に分かるわけでもない。

ではどうすればいいか。その人をきちんと理解しようとする謙虚で素直な態度を持つことです。もちろん，他人のことを正確に知ることはできないでしょうが，この努力こそが人間性を高めていきます。**他者へのまなざしは素直に，そして謙虚に，**ということです。そしてこれは，**人を大事する視点，人と人との絆（つながり）を大切にする視点，**といってもよいでしょう。

＊見た目で判断されるのが俗世間。従って，あなたはマナーにかなった態度をとる必要がある。「心が態度や服装に表れる」とも言われているからだ。それでも，あなたは相手を見た目だけで判断してはいけない。そして，これがリベラルなビジネスパーソンである。

④ 人を簡単に批評しない

すると，そう簡単に人を批評（非難）することもなくなります。相手のいわんとしているところ，いいところを冷静に聞き取ることができます。そして，これが本当のビジネス実務マナーです。

ちなみに，文芸評論家の小林秀雄さんは**「批評とは人をほめる特殊の技術だ」**（「批評」『小林秀雄全作品25人間の建設』所収，新潮社）と語っています。人をけなすその態度からは何も生まれない。そう言っているかのようです。

＊田坂広志さんは，この小林さんの言葉を受け，「常にその著作の良き部分を見つめる評者の温かい目線が伝わってくる」（『プロフェッショナル進化論』PHPビジネス新書）と書いている。

出題の視点

検定問題では，事例研究①に見られるように，「行動力，判断力，表現力」の基本となる人間性（人柄），そして，これを踏まえての状況対応が問われています。改めて，人間性と，行動力，判断力，表現力について

16

確認しておいてください。ビジネス実務マナーの基軸となる重要項目です。

確認事項

①『ガイド3』の「事例研究①」と「事例解説」から，ビジネスパーソンとしての表現力(ヒューマンスキル)の重要性を確認してください。この表現力が，会社のイメージを高め，事業貢献へとつながっていくことを解説しています。

②『ガイド3』の「要点整理」＜適切な行動力，判断力，表現力が期待できる＞から，①企業社会が期待しているもの，②行動力，判断力，表現力の根源にあるもの，③ビジネス実務マナーと道徳心，を再確認してください。行動力，判断力，表現力は，ビジネス実務マナーそのものであることなどを解説しています。

③『ガイド3』の「要点整理」＜出題の視点＞から，その出題傾向を確認してください。「企業が求める人物像」などが，視点を変えて出題される場合があります。

④『ガイド3』のコラム「企業社会と道徳心について」を再読してください。イトーヨーカ堂グループの創業者，**伊藤雅俊さん**の言葉を紹介しています（**『商いの心くばり』講談社文庫**）。そして，ここから，**道徳心こそが企業発展の原動力**であることを認識してください。

> ＊ 『商いの心くばり』を解説した川勝久さんは，「本書に盛り込まれた『商いの心くばり』の数々は，小売業という世界に限らず，われわれの日々の活動全般にわたって有益な示唆を与えてくれるにちがいない」と語っている。「道徳心」が大切なのは，ビジネスパーソンも同じだからだ。

⑤次に紹介する**『自助論』**から，行動力，判断力，表現力のもとになっている人柄について確認しておいてください。**サミュエル・スマイルズ**はこう語っています。

> ビジネスほど、人柄の善し悪しがきびしく問われる分野はない。そこでは、正直かどうか、自己犠牲の精神にあふれているかどうか、公正かつ誠実に行動できるかどうか、などが厳格なふるいにかけられる。
> （Ｓ．スマイルズ著／竹内均訳『自助論』三笠書房）

2 明るさ，誠実さを備えている

人に対して誠実であること。それは，自分の仕事に対しても誠実であるということを意味します。そしてこの姿勢が，自然な，心からの明るさとなって表れてきます。**「誠実な人柄のビジネスパーソン」**として。

では，企業社会における誠実さとはどのようなことをいうのでしょうか。次の事例から検討してみましょう。

事例研究② 明るさ，誠実さを備えている　case study

中条淑子は「誠実さ」とはどのようなことをいうのかを考えてみた。次は中条が考えたことである。中から適当と思われるものを一つ選びなさい。

(1) 新人の意見は，まだ何も分からないで言っているのだろうからと黙って聞き流すことではないか。

(2) 一番大切なのは自分に誠実であることだろうから，行動や対応は，自分中心に行うことではないか。

(3) 何かトラブルがあったときは，上司の指示の仕方に問題があったのだろうから，そのことを率直に言うことではないか。

(4) 何事にもうそ偽りなく対応するには，相手との意見の食い違いには妥協しないで自分の考えを貫き通すことではないか。

(5) 同僚の繰り言は，もしかしたら自分もそのようなことを言うかもしれないと，謙虚に自省しながら聞くことではないか。

事例解説　instructions

『ガイド3』で解説したように，誠実さとは，**「偽りがなく，まじめなこと。真心が感じられるさま」**のこと。そして真心とは，**「人のために尽くそうという純粋な気持ち。偽りや飾りのない心。誠意」**（『大辞林』）のことです。

この視点から見てみると，**適当な選択肢は(5)になります**が，どうでしょうか。

繰り言とは，不平や愚痴などをくどくどと言うことです。聞いている方

は堪ったものではないでしょう。

でも，ここではその愚痴に耳を傾けています。言っていることはともかく，まずは相手の話を聞いています。これが，**誠実な話の聞き方**です。そして，何より大切なこと。それは，「私もこの程度のことは言うかもしれない（私もあなたと同じだ）」と，対等の関係で物を考え反省しているところです。決して，「愚痴など言うものではない」と，上から目線での対応はしていないということです。

誠実さとは何かを考える上で，これはとても大切なことでしょう。

では，不適当な選択肢を，誠実さの視点から一つ一つ検討していきましょう。

選択肢(1)は，新人の意見を聞き流しています。聞き流すとは，聞いても問題にしないで放っておくという意味です。これはいけないでしょう。そして，ここで重要なこと。それは，いくら新人とはいえ，自分では気が付かなかったこと，素晴らしいことを言っているかもしれないことです。高をくくって聞き流してはいけない。これは，不誠実な聞き方といわれても仕方がないでしょう。

選択肢(2)はどうでしょうか。確かに，自分に誠実であることは大切です。でも，行動や対応などが，自分中心になってしまうと，周囲に迷惑をかけてしまいます。**自分に対して誠実であるということは，他人に対しても誠実であるということ**です。このことを忘れてはいけないでしょう。

では**選択肢(3)**の問題点はどこにあるのでしょうか。責任転嫁です。

何かトラブルが起きたとき，まずは「自分の行動に何か不手際はなかったか」と反省するスキルが誠実さというもの。果たして，それをここに見ることができるかどうか。できないでしょう。自分以外のところに全ての責任を押し付けているのですから。そしてこれを率直とはいいません。

そして**選択肢(4)**の問題点。それは妥協せず自分の考えを貫き通すところです。もちろん，ケースによっては「信念」を貫き通すことも必要でしょう。でも，このとき大切なのは，**「自己像を膨らまし，力を誇示することではない。自分にとらわれず考え，自分に即きすぎずにふるまうこと」**（ヒュー・プレイサー著／裳岩ナオミ訳『誠実であるということ』ヴォイス）です。誠実さです。そして，うそ偽りなくとは，このことをいうのでしょう。

＊選択肢(2)と選択肢(4)は，自分ではなく，まずは相手のことを第一に思う打算のない心こそが大切。折り合いをつけることの重要性もここにある。調和である。

■ 明るさ，誠実さを備えている

1 相手を侮(あなど)らない

　誠実さの第一は，どのような相手でも，決して見くびってはいけないということでしょう。**芥川龍之介の「侏儒の言葉」（『芥川龍之介全集７』所収，ちくま文庫）** の中にこんな話があります。江戸時代のことです。

　貝原益軒(かいばらえきけん)は船で１人の書生と一緒になった。その書生は，自信満々，滔々(とうとう)と古今の学問を話し始めた。が，益軒は何も言わずに黙って聞いていた。

　そのうち船は岸に着いた。当時は，船を降りるとき同乗者はそれぞれ姓名を告げるのを習いとしていた。ここで，書生は始めて大学者益軒を知り，「知らぬこととはいえ，益軒先生の前で何ということをしてしまったのか」と深く恥じ入り，今までの大言壮語をわびた。このとき，近くにいた同船客もその名を聞いてびっくりした。と同時に，平謝りをしているうら若き書生を嘲笑(あざわら)った。

　いかがでしょうか。

　芥川は，この話を小学校の頃に読み，若者の言葉を黙って聞いている益軒の姿に，謙虚な態度を見て取ったそうです。でも，今は違うと芥川は言います。今，ここから見えるものは，最後まで沈黙を貫き通した益軒の侮辱的な態度，書生の恥じ入るのを喜んだ同船客の俗悪さである，そして，**「益軒の知らぬ新時代の精神は年少の書生の放論の中にもいかに溌溂(はつらつ)と鼓動していたか」** と，厳しい言葉を残してこの文を結んでいます。

　　　＊「侏儒(しゅじゅ)」とは，未熟者などの意味。「書生」は，今でいう学生のこと。
　　　＊貝原益軒は江戸時代の儒者。著作に『養生訓・和俗童子訓』（岩波文庫）などがある。
　　　＊ちなみに，かの福沢諭吉は「わたしは少年のときから至極元気のいい男で，時として大言壮語したことも多い」（福澤諭吉著／富田正文校注『福翁自伝』慶應義塾大学出版会）と語っている。

　若くて自信満々，生意気にも見える書生の話すことを，ただ黙って聞いていて，最後に恥をかかせたという話でしたが，さて，どうだったでしょうか。選択肢(1)のケースと比較してみてください。黙って聞き流すことと，聞いていても受け入れないこととは，その根底にある拒否の姿勢は同じです。ここは片意地張らずに，他の意見に謙虚に耳を傾ける。そして，何をいわんとしているのかを誠実に聞く。これは互いの存在を認め合うということです。もちろん，年齢に関係なく。そして，これはとても大切なマインドでしょう。

2 他人のせいにしない

　小林秀雄さんは「善良な不平家というのが一番嫌いだ。一番救われない様な印象を常に受ける」（「道徳について」『小林秀雄全作品13歴史と文学』所収，新潮社）と語ります。何か起こるとすぐに人のせい，周りのせいにする。そして，あしざまに不平不満をツイートする。でもここからは何も解決しません。自分の心をしっかり見詰めて，他者がいることを認め，自己中心性（エゴイズム）を解き放つ必要があるでしょう。

　　　＊「善良な不平家」とは，自分だけが絶対的に正しいと信じ込んでいる態
　　　　度と考えてよいだろう。そして残念なことに，これは私たちの心の中に
　　　　も住んでいる。ではどうすればよいだろうか。その一つとして，自分の
　　　　心と向き合って，「同情，いたわり，哀れみ，思いやり」などの言葉の
　　　　意味を考えてみるとよいだろう。この言葉の奥には，常に「相手の心」
　　　　があるからだ。

3 自分の心に誠実であること

　自分の心に誠実であること。でもそれは，選択肢(2)と選択肢(4)に見えるようなことではありません。確かに両者のケースは，うそ偽りのない態度に見えるかもしれませんが，いかんせん一方的です。排他的といってもよいでしょう。何せ，全てを退け相手のことを受け入れていないのですから。

　ではどうすればよいのか。まず**相手の考えや価値観，立場などを尊重すること**です。**人を大事にすること**です。これがビジネス社会の人間関係の前提です。そして，このことを踏まえ対応（コミュニケーション）していくのが，自分の心に誠実であるということになるでしょう。そう，これが自分の仕事に対して誠実な態度でもあるわけです。

　　　＊「不賢を見ては内に自ら省みよ」（貝塚茂樹訳注『論語』中公文庫）と

いう言葉がある。これは「自分のことばかりを考えている人を見て、わたしにもそういうところがないだろうかと自己反省してみる」ということ。そして、この態度が「自分の心に誠実である」ということ。自分だけが絶対ではないのだから。

4 そして、明るさと誠実さと

相手を侮らず、他人のせいにもしない。そして、自分の心に誠実（謙虚）であること。これがビジネスパーソンの明るさの源です。その意味で、**明るさとは誠実さに裏付けられた人柄（知性）**であるともいえるでしょう。出題の意図もここにあります。

■ 出題の視点

検定問題では、事例研究②に見られるように、「明るさ、誠実さとは何か」を中心に出題されています。そして、このケースが2級での代表的な出題事例になるでしょう。

■ 確認事項

① 『ガイド3』の「事例研究②」と「事例解説」から、明るさと誠実さの基本を再確認してください。**企業人としての責任と義務（誠実な態度）**を解説しています。

② 『ガイド3』の「要点整理」＜明るさ、誠実さを備えている＞から、①誠実さはビジネス活動の要、②チームワークのよさは誠実あってのこと、を確認してください。そして、ここから③明るさ、誠実さを備えているということ、の意義を再認識してください。

③ 『ガイド3』のコラム「誠実であるということ」を再読してください。キングスレイ・ウォードの『ビジネスマンの父より息子への30通の手紙』（新潮文庫）を紹介しています。そして、ここから、**「誠実な人格の持ち主であるということは、道徳性の高い生活態度が身についている」**ということを再認識してください。

> ＊同書は、ビジネスマンとしての心得を余すところなく伝えている「実務教養の書」だ。訳者の城山三郎さんも、こう語る。「聡明なアドバイスの書――そんな風にも読んでみたくなる。新しい時代の座右の書の一冊になり得る、と思う」と。

3 身だしなみを心得ている

　良好な人間関係を築いていくためのベストな表現法。それは，常に**顧客の立場を尊重し，敬意を持って誠実に対応する**その心です。そして，この**誠実な心（人柄のよさ）**が身だしなみに表れてきます。

　では，誠実な人柄が感じられる身だしなみとは，どのようなことをいうのでしょうか。それを次の事例から検討してみましょう。**規律ある企業社会で働いているビジネスパーソンの身だしなみ**です。

事例研究③　身だしなみを心得ている　　　　　　case study

　総務課の清水路子は社外研修で，「誠実な人柄が感じられる身だしなみについて」の講義を受けた。次はそのとき，清水が考えた身だしなみと誠実さの関係である。中から<u>不適当</u>と思われるものを一つ選びなさい。

(1)　ナチュラルなメイクをしている人は，いつも真面目に仕事に取り組んでいるのではないか。

(2)　いつも折り目正しく挨拶をする人は，普段の真面目な性格が態度として身に付いているのではないか。

(3)　身だしなみに気を配っている人は，言葉遣いや振る舞いより清潔な服装にポイントを置いているのではないか。

(4)　ベーシックなビジネススーツを着ている人は，普段からいつも控えめで落ち着きのある態度でいるのではないか。

(5)　指示されてすぐに行動できる人は，いつも会社のために尽くそうとする献身的な態度が身に付いているのではないか。

事例解説　　　　　　　　　　　　　　　　　　instructions

不適当な選択肢は(3)になりますが，さてどうでしたか。

　もちろん，清潔な服装にポイントを置くのはとても大切なことです。でも，**「言葉遣いよりも」**ということにはならないでしょう。なぜなら，本当に身だしなみに気を配っている人は，服装だけではなく，言葉遣いや態度・振る舞いにも細心の注意を払っているからです。そしてこの心の調和ができて初めて清潔な人柄と呼ばれるようになるでしょう。

　では，適当な選択肢(1)(2)(4)(5)について，誠実さとの関係を見ていきましょう。**まず選択肢(1)**ですが，これはビジネスパーソンの基本でもある**仕事への取り組む姿勢**を問うています。この態度が誠実（真面目）であれば，過剰なメイクをすることはないでしょう。そして，ビジネスの場にふさわしいナチュラルなメイクをすることによって，顧客を感じよく迎えることもできるでしょう。

　選択肢(4)も同様です。控えめで落ち着きのある態度は，顧客から信頼される第一歩です。ビジネスにおいて信頼を得るとは，いわば**「見えない資産（インビジブル・アセット）」**の蓄積になります。これは会社にとっても大きな財産です。聡明なビジネスパーソンの多くがベーシックなビジネススーツを選んでいる理由もここにあります。

> ＊「インビジブル・アセット」は，平川克美著『ビジネスに「戦略」なんていらない』（洋泉社・新書y）による。

　そして，真摯なビジネスパーソンは，**選択肢(5)**のように，いつでも献身的な態度で仕事に取り組んでいます。会社の発展に貢献する，この強い意志です。もちろんこの根っこにあるのは，**選択肢(2)**の普段からの真面目な生活態度です。

要点整理　　　　　　　　　　　　　　　　　　　the main point

■ 身だしなみを心得ている

1 身だしなみは教養の表れ

　『論語』に**「文質彬彬」**という言葉があります。この言葉は『ガイド3』でも紹介しましたが，その意味は，「服装などの外見と，内に誠実な人柄とがほどよく調和している」ということです。そして孔子は「これができて初めて**教養人になる**」と教えます。もちろん，根底にあるのは「誠実な心」です。この誠実さが聡明で落ち着きのある身だしなみをつくり上げていくわけです。出題の意図もここにあります。

> ＊教養人という言葉は，加地伸行さんの現代語訳「内容と形式とがほどよくともに備わっていて，そうしてはじめて教養人である（文質彬彬として，然る後に君子たり）」（『論語』講談社学術文庫）による。

＊内に誠実さがなければ，どんなに外見を装っても何にもならないということ。

2 他人への配慮

「主人の服装には師走も正月もない。ふだん着も余所ゆきもない。出るときは懐手をしてぶらりと出る。外に着る物がないからか、あっても面倒だから着換えないのか、吾輩には分らぬ」（夏目漱石作『吾輩は猫である』岩波文庫）。

さて，この主人である苦沙弥先生の身だしなみはどうでしょうか。曾野綾子さんならこう諭すでしょう。「外へ出る時は、服も着替え、髪もくしけずり、態度も改めるものである」（『二十一世紀への手紙』集英社）と。そして，この言葉の背景には，「あまり極端なことをして、相手に不愉快な思いをさせないようにしよう」とする他人への配慮があります。これが誠実な心であり，教養でもあるのです。

3 信頼と信用を得る

誠実な心が身だしなみを整え，その整えられた身だしなみは好印象となって周りに伝わります。すると，この好印象（感じのよさ）は信頼，信用へと高まっていきます。そしてこれはとても重要な資質でしょう。**ビジネスパーソンの総合力**（ヒューマンスキル）として。

出題の視点

検定問題では，事例研究③に見られるように，「身だしなみを整えることの意味と意義」を中心に出題されています。ポイントは，**仕事に取り組む姿勢（心がけ）、誠実な人柄**などになるでしょう。特に，**仕事の場にふさわしい身だしなみ**（ビジネス）なのかどうか，その判断力は重要です。仕事に取り組む姿勢（人柄）そのものが問われるからです。そう，ビジネスマンの資質として。

＊第Ⅲ章対人関係(2)—②と内容は連動している。併せて確認のこと。

確認事項

① 『ガイド3』の「事例研究③」と「事例解説」から，身だしなみの基本を再確認してください。ビジネスの場に適した身だしなみの事例を解説しています。

②『ガイド3』の「要点整理」＜身だしなみを心得ている＞から，①ビジネスというフォーマルな場にふさわしい服装，②身だしなみの意味，③誠実さと身だしなみ，についての基本を確認しておいてください。

③『ガイド3』の「要点整理」＜出題の視点＞から，①デスクワークのときの身だしなみ，②暑い時期に得意先を訪問するときの身だしなみ，③その他の身だしなみ，を確認してください。ここからアレンジされて出題される場合があります。

④『ガイド3』のコラム「ビジネスマンであることの意思表示①」を再読してください。**キングスレイ・ウォード**の『**ビジネスマンの父より息子への30通の手紙**』**（新潮文庫）**から「礼儀正しさが身だしなみに表れる」を紹介しています。そして，ここから，**「ビジネスマンにふさわしい装いとは何か」**を再認識してください。イメージ向上のためのアドバイスです。

4 自己管理ができる

スマイルズは「『心の強い者』とは、きびしく自分を鍛えながら、考え方や話す言葉、あるいは行動を常にコントロールしている人」（サミュエル・スマイルズ著／本田健訳『品性論』三笠書房）であると言っています。自己管理（セルフコントロール）です。

自己管理ができるとは、**慎みと節度**をもって行動することです。個人的な感情を抑えて（克己（こっき））、社会的な規範に従い行動できる人のことです。そしてこの自制心が、周囲から信望と尊敬を集めるのです。**人柄**です。

でもなぜ、自制（セルフコントロール）が信望と尊敬を集めるのでしょうか。それを次の事例から検討してみましょう。

事例研究④ 自己管理ができる case study

一条享はチームリーダーの営業研修で、「自己管理能力が備わっているビジネスパーソンは、これだけで周りから信望と尊敬を集めている。その理由はどこにあると思うか」と質問された。次はそのとき、一条が考えた理由である。中から<u>不適当</u>と思われるものを一つ選びなさい。

(1) 会社の事業方針をきちんと理解し、それに基づいて責任のある営業活動をしているからではないか。
(2) 何より、営業における自分の能力と立場や役割、守備範囲などをよく知って行動しているからではないか。
(3) 営業では、個人の成績よりもチームへの貢献、会社への貢献ということを考えて行動しているからではないか。
(4) 自分が正しいと考えたことは、周りの反対に遭ってもひるまず堂々と営業活動をリードしているからではないか。
(5) 営業で失敗したとき、環境や他人のせいにしたりせずに、失敗の原因は自分にある、その何が原因かを考え、対処しているからではないか。

事例解説 instructions

自己管理の視点からの問題です。**不適当な選択肢は(4)**になりますが、いかがでしたか。

確かに，リードオフマンとして信念を貫き通すことは重要なことでしょう。でも，リーダーとしてまずやるべきことは，事業方針に基づいた販売方法の検討と確認，そして意見の取りまとめなどになるでしょう。決して，独善（独り善がり）に陥ることなく，ともに知恵を出し合い販売活動をしていくというわけです。**心のコントロール**です。

　何より，営業スタッフは，共通の目的を持った大切な**仲間**(フェロー)です。特にこの意識を持つことが大切でしょう。

> ＊自分の考えがベストとは限らない。聞く耳を持ち，フレキシブルに意見を修正していく。これがリードオフマンの役割。もちろん，先頭に立ってチームを引っ張っていくことは重要だが，その前にやることがあるということである。だからこそ信望と尊敬が集まるのである。

　では，適切な選択肢から，「信望と尊敬を集めるビジネスパーソンの態度」を見てみましょう。

　まずその基本は，**選択肢(1)**の「**会社の事業方針への理解とそれに基づいた責任ある行動**」になるでしょう。事業方針への理解と共感は，企業人（公人）としての貢献意識と責任感を高めていきます。そうして，この理解と共感，責任感は，**選択肢(3)**の「個人成績よりもチーム・会社への貢献」へと結実していきます。すると，**選択肢(5)**のように，失敗の理由をほかに転嫁せずに，まず自分に向けるようになります。ではなぜ，このような謙虚な態度がとれるのか。それは，**選択肢(2)**の「**自分のこと（心）をよく知って行動している**」からです。この思慮分別のある行動が，礼儀正しさ，真摯さ，優しさなどになって表れてきます。**自律心**です。そして，真摯なビジネスパーソンが信望と尊敬を集める最大の理由もここにあります。

要点整理　　　　　　　　　　　　　　　　　　　　the main point

自己管理ができる

1 事業方針と自己管理

　組織には，組織としての目標があります。「私たちはお客さまとの絆を大切にします」などのビジョンもその一つでしょう。そして全社員はこの目標の下に結集し，目標実現のために日々努力をしています。

　さて，このときビジネスマンはどのような意識で結集しているのか。

それは**目標への理解と共感**です。これが大前提です。そしてこの理解と共感の下，社会や市場（マーケット），顧客などに対して，会社のビジョンを示し，評価を得ていくために営業努力をしているわけです。「会社」のため，「チーム」のために。

　　　＊孔子はこう教える。「利己を抑え，［人間社会の］規範（礼）に立つことが仁である（己に克ちて礼に復するを，仁と為す）」（加地伸行全訳注『論語』講談社学術文庫）と。
　　　　†「仁」とは，思いやりのこと。『ガイド３』(p.14)でも解説している。
　　　＊会社の考え方（公）を優先して行動するということ。ここに自己管理（私）（セルフコントロール）の重要性がある。これがないところに企業活動はあり得ないからだ。
　　　＊「会社」のため，「チーム」のためにという自己犠牲（抑制）の精神は，決してマイナス要因ではない。この先にある「自己実現」という大きな目標につながっているからだ。

２相手の心とバランスを取る自己管理

　『論語』に，「まっすぐなのはいいが礼法を知らなければ，［ただの自己主張に終わり］融通がきかないことになる（直（ちょく）にして礼無ければ，即ち絞（こう）す）」（前掲書）という言葉があります。

　ところで，この言葉を自分に置き換え，深く自省している人がいました。プロサッカー選手の長谷部誠さんです。

> 　孔子はこう言っている。
> 「直（ちょく）にして礼（れい）なければ即（すなわ）ち絞（こう）す」
> 　正義感が強すぎて、真面目（まじめ）すぎると、かえって周囲を絞（し）めつけてしまう、という意味だ。この言葉を初めて見たとき、僕はドキリとした。まさに自分のことを言われているような気がしたのだ。「誠」という名に恥じない生き方をしたいという考えに迷いはないし、これからも続けて行くつもりだ。だが、いくら自分が正しいと思ってもそれを人に強要してしまったら誤解を招くこともある。人にはそれぞれ価値観があって、絶対的な正解なんてない。何かを伝えるときにはまずは相手の気持ちも想像しなければいけない。
> 　以来、正論を振りかざしたら、かえってまわりに迷惑をかけてしまうことがあるということを肝（きも）に銘じている。
> 　　　　　　　　　（長谷部誠著『心を整える。』幻冬舎）

　そうです。だからこその自己管理（セルフコントロール）です。自己主張と自己顕示は，ほどほどにということでしょう。出題の意図もここにあります。

３自分自身を知る

　池見酉次郎さんは，その著『セルフ・コントロール』（創元社）の中で，「現代人はどんなことでも知っている。ただ自分のことを知らないだけだ」という言葉を紹介しています。英国の歴史学者アーノルド・Ｊ・トインビーの言葉です。そして，ここから**自己分析と自己コントロール**の重要性を語っています。

　いつも正論ばかりを振りかざす自分。いつも相手のことを批判ばかりしている自分。そんな自分に気付き，考え方や言葉遣い，行動をコントロールしていく。そう，「**人にしてほしいことばっかりなんだ。人にやってあげたいことなんか、何一つ思い浮かばないくせに**」（綿矢リサ『蹴りたい背中』河出文庫）などと言われないためにも。

　そして，これが良好な人間関係を築く第一歩になるでしょう。その意味で，自己管理はビジネス実務マナーの根幹にあるものといえるでしょう。もう一つの出題の意図もここにあります。

　　　＊池見酉次郎さんは心身医学（心療内科）を，また，同書の共著者である
　　　　杉田峰康さんは，臨床心理学を専門にしている学者である。

出題の視点

　検定問題では，事例研究④に見られるように，「自己管理の意義」を中心に出題されています。そしてこれは，ビジネス実務マナーの根幹をなすものです。「**自制はあらゆる美徳の根源**」（『品性論』）なのですから。

確認事項

① 『ガイド3』の「事例研究④」と「事例解説」から，自己管理の基本を再確認してください。互いに信頼できる人間関係を築くための事例を解説しています。

② 『ガイド3』の「要点整理」＜自己管理について，理解できる＞から，①行動規範は，事業活動のよりどころ，②自己管理は心の働き，③自己管理は自己実現への第一歩，についての基本を確認しておいてください。

③ 『ガイド3』の「要点整理」＜出題の視点＞から，その出題傾向を確認してください。①健康管理，②時間管理，③その他の自己管理，を解説しています。

④ 『ガイド3』のコラム「健康管理は重要な仕事の一つ」を再読してくだ

さい。**内藤誼人さん**が，心理学の立場からスポーツの重要性を解説しています（『**交渉力養成ドリル**』ダイヤモンド社）。

> ＊心療内科のドクター海原純子さんは「腰痛を防ぐための水泳は20年以上続けている」（『わたしを磨く仕事の作法』sasaeru文庫）という。診察というハードワークをこなすために。

そして，健康管理には食事の仕方も大切です。こんな戒めを残しているビジネスマンがいます。ちょっと，その話を聞いてみましょう。

> 人は自分の健康な体を当たり前だと思っている。こき使い、追いまわし、傷（いた）めつけ、粗末に扱うのがふつうである。（中略）私たちが一般にしていることをいくつか考えてみよう。まず１時間に二、三回、規則的に肺と血管をタールとニコチンで満たす。（中略）つぎは、消化器系統が発作を起こすような飽食である。山ほどのフレンチフライ・ポテト、脂（あぶら）っこいハンバーガー、仕上げのデザートの大量の砂糖。たしかにおいしいが、残念ながらあまり頻繁なために、正しくない燃料が負担になり、体は完全にまいってしまう。
>
> （G・K・ウォード著／城山三郎訳
> 　　　　『ビジネスマンの父より息子への30通の手紙』新潮文庫）

確かにおいしい。そう思います。でも，キングカズことプロサッカー選手の三浦知良さんは違うようです。レストランのメニュー選びでは，「**野菜をたっぷり注文し、炭水化物はほとんど頼まない。試合の前はエネルギー源となる炭水化物を摂（と）った方がいいけれど、普段は余計な脂肪がついてしまうからだ。やっぱりキングは違うと驚かされた。当然、デザートも食べない**」（『心を整える。』）そうです。

いずれにせよ，「食を考えている」人は，仕事のこともきちんと考えている**プロフェッショナル**ということになるのでしょう。

Column

情緒，情感とビジネス実務マナー

ビジネスマンとしての資質

　ビジネスマンの資質として，その最たるもの。それは誠実さと思いやりでしょう。

　そして**誠実さ**から，真心（愛），篤実，真摯で謙虚な態度，礼儀正しさなどが，また，**思いやり**からは，心配り，慈しみ，いたわり，温情，慈悲の心，惻隠の情などの言葉が思い浮かんできます。これ全て**情緒，情感**です。そしてこの**情緒，情感が昇華されたもの，それがビジネス実務マナー**であり，**道徳心**でもあるのです。

　そしてこの資質が備わっているビジネスパーソンだけが，**誠実で思いやりのある人柄**として，周囲から好感をもって迎えられているのです。ビジネス実務マナーを身に付けた**美徳の人**として。

> ＊ロシアの小説家ドストエフスキーは，多くの「徳」の中でも「謙虚さ」を最も大事にしているという（岡潔著『春宵十話』光文社文庫）。
>
> †「徳」とは，道徳の基本とされるもので，上掲のほか，善悪の区別ができる，うそをつかない，約束を守る，陰口をたたかない，卑劣なことはしないなどがある。

●

情緒は人の心を知るための第一歩

　人の心を知ることはとても難しいことです。でも，誠実で思いやりのあるビジネスパーソンなら，その第一歩を踏み出すことは十分にできるでしょう。

　例えば惻隠の情。これは人の悲しみが分かるということです。が，これもなかなか難しい。でも，人の悲しみを，自分の悲しみとして受け止めることができるということは，人の心の理解に一歩近づいたことを意味します。人の不幸に対する感受性も同様です。人の不幸を自分の不幸と感じる心です。

　そして人の心を知るには，この惻隠の心に限りません。それは謙虚な態度，心配り，いたわり，慈悲の心などからも知ることができるでしょう。この全てが，自分ではなく相手を慮ることを出発点としているからです。

そう，これが「情に根ざした知性（intelligence）」（中西進著『日本人の愛したことば』東京書籍）です。ビジネスマンとしての資質です。

＊孟子は「惻隠の心」（貝塚茂樹「公孫丑章句 上」『孟子』所収，講談社学術文庫）こそが大切であるといっている。「人の悲しみを見すごすことのできない同情心」である。

＊この情緒の世界をとても大切にしている人がいる。数学者の岡潔さんである。「人の中心は情緒である」とし，「道義の根本は人の悲しみがわかるということにある」と説く。だが，「人のかなしみがわかる青年がどれだけあるだろう」かと疑問を投げかけている。そして，「人の心を知らなければ，物事をやる場合，緻密さがなく粗雑になる。粗雑と言うのは対象をちっとも見ないで観念的にものをいっているだけということ，つまり対象への細かい心くばりがないということだから，緻密さが欠けるのはいっさいのものが欠けることにほかならない」（『春宵十話』光文社文庫）と指摘している。次節「(2)執務要件」の基本に対する重要なサゼスチョンである。

　　†「道義」とは，人としてふみ行うべき道。道徳。道理のこと。

＊ビジネスの世界でも同様だ。野村證券元会長の北裏喜一郎さんはこの「情の世界、情緒の世界」（日本経済新聞社編「北裏喜一郎」『私の履歴書 経済人18』所収，日本経済新聞社）を人間にとって一番大切なものであると語っている。全社員が目標に向かって一致団結するためにも，事業コンセプトへの心からの共感が何より重要だからだ。

ビジネスの場で重要な役割を果たす情緒，情感の一例である。

＊中西進さんは国文学者。そして，日本文化論の視点からまとめられたのが『日本人の愛したことば』である。

② 執務要件

> ① 一般的な仕事を，確実に実行できる能力がある。
> ② 良識を持ち，模範となる態度をとることができる。
> ③ 協調性のある行動をとることができる。
> ④ 積極性，合理性，効率性について，十分理解できる。

1 一般的な仕事を，確実に実行できる能力がある

　入社して二，三年もたてば，仕事への関心も高まり，より価値のある仕事をしようと明確な目標を持つようになります。もちろん，ここには難しさと厳しさ，責任も伴いますが，そんな状況の中で，仕事を確実に実行していくことが求められるわけです。これが「一般的な仕事を，確実に実行できる能力がある」ということです。

　でもそのためには「心意気（スピリット）」が必要です。そして「心構え（ビジネスマインド）」も大切です。では，それはどのようなことでしょうか。次の事例から，具体的に検討してみましょう。

事例研究① 一般的な仕事を，確実に実行できる能力がある　case study

　次は，営業部の長崎郁が考えた仕事を確実にこなしていくための基本心得である。中から<u>不適当</u>と思われるものを一つ選びなさい。

(1)　ルーチンの仕事でも，常に点検と工夫をして，より完成度の高いものを目指していくこと。

(2)　どのような仕事でも，全ては会社の事業に貢献しているのだという意識を持って取り組んでいくこと。

(3)　プレゼンテーションは，新商品の特長などを説明していくのが目的だから，丁寧に教え諭すように話していくこと。

(4)　大きな売り上げが期待できない仕事のときこそ，手を抜かずに顧客と正面から向き合い，今後の仕事につなげること。

(5)　自分の営業だけでなく，後輩の営業の仕方に対しても目を配り，チームとして仕事の成果を上げていくように取り組むこと。

さて，**選択肢(3)**はどうでしょうか。確かに，プレゼンは新商品などの特長を説明していくものです。が，営業は教え諭す立場にはありません。常に顧客を立て，顧客の反応を見ながら丁寧に誠実に説明していく必要があります。顧客中心主義です。そしてこれは，話し方の問題よりも**心の姿勢**の問題でしょう。

いずれにせよ，ここに営業の成果は期待できません。不適当のゆえんです。

> ＊教え諭すとは，上の立場の者が下の者に対して「言って聞かせる（「教えてやる」）」という態度のこと。これは，ともすると高慢な態度に映りかねないので注意が必要だ。いずれにせよ，これでプレゼンは成り立たない。何せ，諄々と言い聞かせているのだから。
> †これによって説明を受けている方が拒否反応を示すこともある。

では，他の選択肢はどうでしょうか。

選択肢(2)「事業への貢献意識」を持ち，**選択肢(1)**「より完成度の高い仕事」を目指し，**選択肢(4)**「仕事の大小に関わらず，今後のことを考えた価値ある仕事」をする。そして**選択肢(5)**「後輩とチームへの目配りとコミュニケーション」も忘れない。ここに，仕事への心意気（気構え）と誠実さを感じます。

そして，この全てが自己実現を図っていくための重要なプロセスです。この積み重ねが，仕事の質とビジネスアビリティーを高め，顧客満足度を高めることになるからです。**自己実現**です。

■ 一般的な仕事を，確実に実行できる能力がある

1 平易な仕事と一般的な仕事

平易な仕事とは，**基本的な仕事（ルーチンワーク）**ということです。そして，この基本的な仕事を土台として，一般的な仕事が成り立っています。いや，むしろ**ルーチンの仕事の精度，クオリティーを高めたものが一般的な仕事である**といった方がよいかもしれません。**選択肢(1)**がそのケースです。さらにここでは，**確かな成果（実績）**が求められています。

これが，**一般的な仕事を，確実に実行できる能力**ということです。出題の意図もここにあります。

2 一般的な仕事を積み重ねる

　真摯に日々の仕事に取り組み，実績（成果）を積み重ねていく。これはとても大切なことです。この**真摯な態度**は，そのまま**誠実な人柄**を表し，多くの人から厚い信頼を寄せられる存在になるからです。そして，これも自己実現の一つの形になるでしょう。感じのよい人柄によって，顧客に最高の満足を提供しているのですから。

> ＊「誠実な積み重ねが気品につながる」（佐藤忠良，安野光雅著『若き芸術家たちへ』中公文庫）とは，山根基世さん（元ＮＨＫアナウンサー）の言葉だが，「人柄」にもつながる重要な指摘だ。

　ではここで，仕事に真摯に取り組む彫刻家の話を紹介しましょう。ドラッカーの**「完全な仕事とは何か」**からのものです。

> 紀元前440年頃、ギリシャの彫刻家フェイディアスは、アテネのパンテオンの屋根に建つ彫刻群を完成させた。だがフェイディアスの請求書に対し、アテネの会計官は支払いを拒んだ。「彫像の背中は見えない。見えない部分まで彫って請求してくるとは何事か。」それに対し、フェイディアスは答えた。「そんなことはない。神々が見ている」。
>
> （P.F.ドラッカー著／上田惇生編訳『仕事の哲学』ダイヤモンド社）

> ＊この彫刻群は，今日でも西洋最高の彫刻と言われているそうだ（P.F.ドラッカー著／上田惇生訳『プロフェッショナルの条件』ダイヤモンド社）。

　見えないところにまで気を配る。

　なかなか気が付きにくいところにまで心が行き届く。

　そして，ビジネスパーソンとして何より大切なこと。それは誰が見ていなくても，手を抜かずに仕事を完成させるその**心意気（美徳）**です。もちろん，その根っこにあるのは真摯さです。ドラッカーも**「どうしても身に付けていなければならない資質がある」**。それは**「才能ではなく真摯さである」**と言う。そう，これが仕事を成し遂げるための基本でしょう。

> ＊「才能ではなく真摯さである」は，「才能ではなく『人柄』である」と置き換えてもよいものだ。実際，野田一夫さんと村上恒夫さん監訳による『マネジメント（下）』（ダイヤモンド社）では「真摯さ」を「人柄」

としている。正直で誠実な人柄として。

出題の視点

検定問題では，事例研究①のほか，「新人指導」の視点からも出題されています。それを，次の事例から確認しておいてください。新人に対し，真摯な態度が問われるケースです。

仕事がいつも同じことの繰り返しでつまらない，面白くするにはどうしたらよいかという新人への対応

◆仕事は会社の都合でやるもので，やる人が面白くやれるということとは関係がないことだ。

◆誰が見ても十分と思われるような仕事の仕方をしているかどうか，客観視してみたらどうか。

◆同じことの繰り返しでも，会社に役立っていることをしているのであれば，それが仕事である。

◆同じことの繰り返しでも，やり方を工夫するなど，自分から面白さを考え出してみたらどうか。

◆ルーチンワークも誰かがやらなければならない重要な仕事で，つまらないと思うのは仕事に対する意識の持ち方に問題があるからではないか。

＊その仕事がつまらないと思うのは，その仕事に関心や価値を持たないからである。

確認事項

①『ガイド3』の「事例研究①」と「事例解説」から，基本的な仕事の仕方を再確認してください。仕事に取り組む際の意識の持ち方を，ルーチンワークを例に挙げ解説しています。

②『ガイド3』の「要点整理」＜平易な仕事を，確実に実行できる能力がある＞から，①平易な仕事の意味，②平易な仕事を積み重ねるということ，についての基本を確認しておいてください。

＊「②平易な仕事を積み重ねること」から，アランの言葉を再確認のこと。どのような仕事でも，誠実さをもって，心から受け入れる姿勢の重要性を述べている。

③『ガイド３』の「要点整理」＜出題の視点＞から，その出題傾向を確認
　してください。①係長から仕事の指示を受けたとき，②営業などで外出
　するとき，③ルーチンワークとしての電話応対，などの具体例を挙げて
　解説しています。そしてここから，アレンジされて出題されるケースも
　あります。

④『ガイド３』のコラム「ルーチンワークの先にあるもの」を再読してく
　ださい。**松田公太さん**が，銀行員時代の体験を踏まえてルーチンワーク
　の重要性を語っています（**『仕事は５年でやめなさい。』サンマーク出版**）。
　ではここで，スマイルズの『自助論』から一つの言葉を紹介しましょう。
　シドニー・スミス（司祭者）の言葉だそうです。

> 　**「どんな仕事でも、それを好きになるよう心がけて自分自身を慣ら**
> **していこう。そのほうが、現在の境遇に不満をぶつけたり自分には**
> **もっと力があるなどと不遜な考えを持つより、よほど人間的ではない**
> **か」**
>
> 　　　　　　　（S.スマイルズ著／竹内均訳『自助論』三笠書房）

いかがですか。

ここでいう**「人間的」**とは，謙虚にそして素直に，喜んで心から受け入
れるということ。そう，決して不遜にならずに。そして，これが**「人柄**
で仕事をする」ということなのでしょう。

　　　＊どんな仕事でも心から受け入れ（忠実），どのようなときでも真摯（誠実）
　　　　に取り組む。この心意気こそが仕事を確実に実行できるようになるため
　　　　の基本マインドである。

2 良識を持ち，模範となる態度をとることができる

　誠実さや謙虚，気遣い，礼儀正しさなどに裏打ちされた **社　会　性** **(知性)** と，深い洞察力，判断力，臨機応変の行動力。これが，ビジネス
マンに求められる **良　識** です。そして，ビジネス社会では，この資質が身
に付いている人のことを **良識の人** と呼び，模範としています。

　では，良識人の態度（行動）のどこが模範的といわれるのでしょうか。
次にその事例を検討してみましょう。

事例研究②　良識を持ち，模範となる態度をとることができる　**case study**

　名草信司は中堅社員の研修で，「ビジネスパーソンたるもの，良識人と
して模範的な行動をしていかなければならない」と言われた。次はそのと
き，名草が考えた模範となる良識人のイメージである。中から <u>不適当</u> と思
われるものを一つ選びなさい。

(1)　ビジネスでの評価は，結果以外にないとの固い信念を持ち，懸命に
　　　仕事をしている人。
(2)　どんなときでも人の考え方の多様さを考え，その考え方を受け入れ
　　　ることに努めている人。
(3)　同僚がテーブルマナーで不作法なことをしても，何事もなかったか
　　　のように見過ごせる人。
(4)　同業者の失態に対し「関係ない」との態度はとらずに，業界全体の
　　　問題として捉えることができる人。
(5)　約束の時間を守るとは，ただ単に時間を守るだけでなく，相手への
　　　好意を表すためでもあることを知っている人。

事例解説　　　　　　　　　　　　　　　　　　　　　　**instructions**

　本項は，良識の視点からのケーススタディーです。

　さて，**不適当な選択肢は(1)**になりますが，どうでしょうか。確かに，ビ
ジネスの常識からすれば，結果は大事です。でも「結果以外にない」は，考
え方が少々偏っています。結果に至る過程も同じぐらいに重要だからです。
　　　＊過程を検証し，次のステップへの礎とする。これが「結果に至る過程を

39

大切にする」意味である。そしてここには，謙虚に仕事に取り組む姿勢も見える。

では適切な選択肢から，良識ある態度について見てみましょう。

人の心理を画一的に見ない**選択肢(2)**の包容力と柔軟な対応力。テーブルマナーよりも大切な「人を思いやる（恥をかかせない）」ことを実践している**選択肢(3)**の気遣い。他社の失態を，業界全体の問題として捉える**選択肢(4)**の高い見識力。そして，約束することの本当の意味を深く理解している**選択肢(5)**の洞察力。

いかがでしょうか。これが良識あるビジネスパーソンの態度です。そしてこの**良識が人柄のよさ**をつくり上げていきます。

> ＊選択肢(4)に見られる高い見識は重要である。同業者は互いに切磋琢磨しながら，業界全体のイメージの向上に努めていくことも大切な仕事だからである。そして，これができるための大きな力となるのが「人柄」である。

要点整理　　　　　　　　　　　　　　　　　　　　the main point

■ **良識を持ち，模範となる態度をとることができる**

1 普通を超える

一般常識を超えたところにあるもの。それが良識です。常識（普通）を踏まえつつ，その先を見据えた適切な判断と行動が**心底からできる**，ということです。

例えば，選択肢(5)のケース。

言うまでもなく，「約束の時間を守る」ことは常識です。そして「約束を守ることの本当の意味」を深く理解し，心から対応していることが良識です。もちろん，これからの対人関係を見据えて。

ではここで，ニーチェの『曙光』から「約束の本当の姿」を紹介しましょう。

> 約束は，個人間の契約というだけではない。約束として要求される言葉の裏側にあるものが，約束の本当の中身になるのだ。
> たとえば，「明日，５時に会いましょう」という日常的な約束の場合でも，それは５時のビジネスライクな待ち合わせだけを意味してい

ない。

二人の親密な関係、いたわりあい、信頼、これからも続く絆の確認、相手への気遣いなど、たくさんのものが約束されている。それは、人間的な誓いとも言えるものだ。

（フリードリヒ・ニーチェ著／白取春彦編訳
『超訳 ニーチェの言葉』ディスカヴァー・トゥエンティワン）

　ここでニーチェは，事務的な約束を超えて，約束することの本当の意味を心に留め置き対応していくことの大切さを語っています。その意味で**良識とは，道徳心，そして人柄とも直結する重要な資質**になるでしょう。出題の意図もここにあります。

２自分を過信することなく，いつでも謙虚に振る舞う

　自己中心的な態度をとることもなく，高慢な態度で人と接することもない。言うまでもなく，これがビジネスパーソンの基本姿勢でしょう。すると，選択肢(2)のような良識ある行動をとることもできます。

　そういえば，帝国ホテルの客室課マネジャーの**小池幸子さん**は，「**お客さまは十人十色でなく、一人十色**」（村松友視著『帝国ホテルの不思議』日本経済新聞出版社）と言っています。謙虚さあるが故の**心眼**でしょうか。そして，これが**普通を超えた臨機応変な対応**です。何せ，人の心はいろいろな感情，思いが絡み合っているのですから。

　　＊ダンテ・アリギエーリの『神曲 煉獄篇』（平川祐弘訳, 河出文庫）に，「高慢」という名の罪が出てくる。「私は優秀である。私は何でも知っている」と自信に満ちあふれた「高慢ちきな者」たちへの重い罪だ。

　　＊「年上へのマナーは気にするのに、年下にはぞんざいになる人というのは、さらに私には気になります。なぜなら、周りはそういう人の態度やマナーをこそ、特に厳しい目で見ているものだからです」（『藤田晋の仕事学』日経ＢＰ社）。そう指摘するのは藤田晋さん（サイバーエージェントCEO）。これも高慢な態度の一例である。

３良識は教養でもある

　ロシアの劇作家であり小説家でもあるチェーホフは，作法（マナー）について，こんなことを言っています。

　　いい教養というものは、ソースをテーブル・クロスにこぼさないことではなくして、だれか別のひとがこぼしても、気づかぬふうをして

いるところにある。

（アントン・チェーホフ著／佐藤清郎訳編『チェーホフの言葉（新装版）』彌生書房）

　「もしもし，ソースがこぼれていますよ」とさりげなく声をかけるのが常識（普通）だとしたら，チェーホフの言う「気づかぬふうをしている」のは良識とでもなるのでしょうか。そう，要らぬ恥をかかせないために。

　いずれにせよ，この根底にあるのは**人に対する心からの思いやり**でしょう。この心への深い理解が，選択肢(3)のような良識ある行動として表れてくるのでしょう。

> ＊「いい教養」は，「最高のマナー」「良識」などの言葉に置き換えてもよいだろう。

4 物事を客観的に見ることができる

　「井の中の蛙大海を知らず」。

　これは自分だけの狭い考えに捉われて，総合的な判断ができないという意味のことわざです。そう，このようなことにならないためにも，選択肢(4)のケースのように**同業者の立場になって物事を客観的に見る**ことが大切なのです。他社の失態は自社でも起こる可能性があるでしょうし，業界全体のイメージダウンになる可能性もあります。だからこそ，業界全体の問題として捉えて分析し，今後の課題としていかなければならないということです。

　いずれにせよ，ここには，自社さえよければそれでよし，とする独り善がりの発想はありません。**ともに業界を盛り上げていかなければならない同業者（仲間）**だからです。

　さてここで，『ガイド3』のコラム（p.206）から，**福島正伸さんの『キミが働く理由』（中経出版）**を見てください。「他社の車の故障に関して，自動車業界の人間の代表として謝った整備士」の事例を紹介しています。

出題の視点

　検定問題では，事例研究②に見られるように，**「良識の意味を踏まえた行動の在り方」**を中心に出題されています。それを，改めて事例研究と解説，要点整理から確認しておいてください。これで2級検定問題には，十分対応できるでしょう。

　なお，次に良識人の行動事例を幾つか紹介しておきましょう。検定対策の参考にしてください。

◆冗舌に陥ることなく，言葉を慎重に選んで話をしている人。
　＊「マタイによる福音書」に「見てもらおうとして，人の前で善行をしないように注意しなさい」（『聖書 新共同訳』日本聖書協会）とある。偽善者の真似はしないで，誠実に愚直に行動しなさいということだ。

◆会社で新しい規則ができたとき，否定的なことなど言わずに率先垂範して行動できる人。

◆企業人としての行動と発言が，いつでも求められているということを深く認識している人。

◆答え（結論）を急がない人。また，出た結論（答え）も，決して一つだけではないということを直観的に理解している人。
　＊答えを急がないのは，重要な資質の一つだ。『ロミオとジュリエット』の中でローレンス神父もこう語る。「大事なのは分別と熟慮だ。駆け出す者はとかく躓く」（W・シェイクスピア作／福田恆存訳『新潮世界文学1 シェイクスピアⅠ』）と。

◆論理的な言葉で説得しても相手が必ずしも納得するとは限らないことを知っている人。

◆規律や規則，罰則は，道徳心に基づいているということを知っている人（道徳規範で物事を考えられる人）。
　＊「路上喫煙禁止条例に違反すると罰金を取られる。だから路上でたばこは吸わない」。でもこれは自分の損得で物事を考えているだけ。そうではなく，罰則があろうがなかろうが，人の迷惑を考え，「心の規範（道徳）」に従って行動していかなければならない。これが良識である。
　　†前掲の例は「罰則がなければ吸ってもよい」ということになる。なぜ，路上禁煙地区があるのか，そこまで考えを及ぼし判断することが良識（道徳）である。そしてこれが，道徳への積極的な関わり方。
　　†言うまでもないことだが，人に迷惑をかけない。卑怯なこと，ずるいことはしない。うそはつかない。そして，人を思いやる心。これが道徳の基本であり，私たちの行動規範（文化）である。従って，誰も見ていないからといって，勝手気ままに行動してはいけない。これが社会人としての矜持。

◆道徳心が根底になければ，いくら知的に優れていても事業活動に貢献することはできないということを知っている人。

＊アレキシス・カレル（医学者）は言う。「産業文明の中で大多数を占めている人々にとって，道徳観念の方が知性よりはるかに必要なのである」（渡部昇一訳『人間 この未知なるもの』三笠書房）と。

＊道徳心を根底に持ち，積極的に社会的責任と義務を果たしていく。これが，ビジネスマンに与えられた役割である。そして，これが現代版「ノーブレス・オブリージュ」。

　　†「ノーブレス・オブリージュ」については，池田潔さんの『自由と規律』（岩波新書）が参考になる。イギリス留学で感じたこと，学んだことなどを織り交ぜながら語っている。

◆周りの意見や風評などに左右されず，自分の目と耳でしっかり物事を把握している人。

■ 確認事項

① 『ガイド3』の「事例研究②」と「事例解説」から，良識（分別）あるビジネス実務マナーを確認してください。常識を含めた良識の基本問題です。

② 『ガイド3』の「要点整理」＜良識を持ち，素直な態度をとることができる＞から，①良識あるビジネスマンの根幹にあるもの，②良識と自己管理（セルフコントロール），③社会の範となる，についての基本を再確認しておいてください。

③ 『ガイド3』の「要点整理」＜出題の視点＞から，その出題傾向を確認してください。①出勤の途上で，②勤務中の心得，③課内の新人歓迎会での態度（マナー），などの具体例を挙げて解説しています。なお，3級のバリエーションとして出題される場合もありますので，その基本は確認しておくとよいでしょう。

④ 『ガイド3』のコラム「良識は気遣い」を再読してください。小学校教諭の**佐藤幸司さん**（『心を育てる「道徳」の教材開発』明治図書）と，江戸しぐさの**越川禮子さん**（『暮らしうるおう江戸しぐさ』朝日新聞社）の通勤電車内での事例を紹介しています。ともに，互いに気遣い，互いに尊重し合う格好の事例です。そして上掲の書は，改めて，自分自身の行動や言葉遣いを見詰め直すきっかけにもなるものです。参考にしてください。

ところで，こんな事例に出会ったことはありませんか。通勤電車の中で

の出来事です。

　電車が急停車し，こんなアナウンスが流れました。
　「前の駅で急病人の救護を行っていますので，緊急停車いたします。しばらくお待ちください」。
　この車内放送を聞いていたある人が，「やれやれ困ったな。朝の会議に遅れてしまうよ。迷惑な話だ」と，つぶやいていました。
　でも，ともすると私たちも，心の中でこのようなことをツイートするかもしれません。
　自分の都合だけを優先して。
　さて，どうでしょうか。
　急病人のつらさ苦しさに思いをはせる。このいたわりの心が何より大切。そしてこれが，良識であり誠実な態度なのでしょう。

3 協調性のある行動をとることができる

なぜ，ビジネスマンに協調性が求められるのでしょうか。もちろん，「互いに協力し合い，また，譲るべきところは譲る」ことは重要です。でもこれだけで，協調性のある行動をとることはできません。なぜでしょうか。それを次の事例から考えてみましょう。「協調性」とは何か，その意味を踏まえたケーススタディーです。

事例研究③ 協調性のある行動をとることができる　　case study

同期会の席上で，協調性が話題に上った。ここで販売課の坂部は，「例えば，会議などでは意見の一致などはまずあり得ないのだから，自己主張などせずに大勢の意見に従うことが大切ではないか。そしてこれが協調性のある行動さ」と言った。これに対して，周囲にいた同僚から次のような意見が出た。中から適当と思われるものを一つ選びなさい。

(1) その通りだ。会議に限らず自己主張からは何も生まれない。良好な人間関係を築くこともできないだろう。
(2) そうかもしれない。だが，協力し合う目的は，事業への貢献にあるのだから，このことを踏まえて，自分の考えた販売の仕方を主張してもよいのではないか。
(3) 今の意見に反対だ。確かに，自己主張すると人間関係を悪くすることもあるだろうが，それを気にしていたら何もできない。
(4) 確かにそうだろう。でも，会議は結局，上の意見で決まってしまうのだから，人間関係を悪くしてまで自己主張することはないだろう。
(5) 「和をもって貴しとなす」と，よく言うじゃないか。まずは仲よくすることさ。するとその場の空気も和んでくるし，意見の一致もすぐできるよ。

事例解説　　instructions

「協調性について」のケーススタディーです。
このケースで**適当な選択肢は(2)**になりますが，いかがでしょうか。

　言うまでもなく，ビジネスマンは事業（売り上げや利益）へ貢献するために働いています。そして，売り上げに貢献していくためには，自分の考えを言うだけでなく，相手の考えも真摯に聞き，ここからベストな販売方法を導き出していく必要があります。もちろんここでは，意見の対立もあるでしょう。でも，対立点だけでなく共通点もあるのです。この共通点を見いだし（調整），これに向かって一致協力していく。これが本当の協調性です。

　　＊自己主張することがいけないということではない。その先にある目標をよく見据えて行動することが大切だということ。もちろん，「和」を保ちながら。

　　＊互いの意見の相違点を認め，それを理解し合うことが大切。また，相違点の中にも，それはそれで同調できるものもある。いずれにせよ，このプロセスを踏むことが重要である。協調することの目的は，事業への貢献にあるからだ。

　この視点から見てみると，**選択肢(1)(4)(5)**は，「最初に友好関係（仲よしクラブ）ありき」で物事を考えています。前述した「協調することの目的は何か」を考えていません。

　また，**選択肢(3)**は人間関係への配慮に無頓着です。共通の目的を達成するためには，**「和」を保ちながら一致協力（協調）**していかなければならないからです。

要点整理　　　　　　　　　　　　the main point

協調性のある行動をとることができる

1 事業体と協調性

　事業体は，考え方や価値観，立場などの違いを乗り越えて話し合い，ここから「強固な協力態勢をつくり上げていこう」，そう考えています。でも，現実はというと，そううまくはいきません。意見の相違や対立は，どうしても出てくるからです。

　ではどうするか。こう考えます。

　「考え方や意見は違って当たり前。でも，**共通の目的のために協力して働いている**のがビジネスパーソン。そして，このことを前提に置きながら真摯に話し合いを進め，共通点を見いだそうと努力しているのもビジネス

パーソンである」。これでどうでしょうか。

　一致点は必ず見つかります。**事業目標とは，顧客に最高の満足を提供し，売り上げに貢献すること。**そして，これに基づいて話し合いを進めていけば，一致点は必ず見つかります。その共通点が見つかったら，これに向かって協力し合う。そう，これが協調性です。出題の意図もここにあります。

> ＊協調の意味には，「互いに協力し合い，物事を成し遂げていくこと」と，「利害や立場などの異なる者どうしが協力し合うこと」の二つがある。特に，後者の意味は重要だ。協調性のある行動をとるためには，考え方や立場の違いなどを調整しておかなければならないからだ。

２人柄と協調性

　そうはいっても，しこりやわだかまりは残ります。感情的な反発もあるでしょう。でも，これを払拭するのが，**人柄のよさ，感じのよさ**です。譲るべきところは譲りながら，そして相手の感情へも配慮しながら，論点を外さずに話し合っていく，この人柄です。

　その意味で**人柄は，事業を展開していく上でも重要な役割を果たす資質の一つである**といえるでしょう。そう，**ヒューマンスキル**として。

　誠実な人柄のビジネスパーソンは，いつでもこのことに集中しながら任務を遂行しています。組織の思い（意思）を背負いながら。

> ＊第Ⅴ章のコラム「ファシリテーション」（p.220）を参照のこと。

出題の視点

　検定問題では，事例研究③に見られるように，協調性とは何かを中心に出題されています。それを，改めて事例研究と解説，要点整理から確認しておいてください。これで２級検定問題には，十分対応できるでしょう。

　なお，次に「協調性」について，幾つか具体例を紹介しておきます。検定対策の参考にしてください。

①営業に忙しく課内ミーティングに参加しない後輩に対しての助言

◆顔を合わせての話し合いは，課員全体の**連帯感**を強め，協力し合っての仕事がしやすくなる。

> ＊組織人にとって，協調性のある行動をとるための「連帯感」は重要である。

◆理由をつけて欠席してばかりいると，都合をつけて出席している課員の反発を招くことになる。

◆独り善がりな理由で欠席していると，都合をつけて出席している課員の反発を招くことになる。

◆配布の資料に書かれない，そこに至る経緯などを知ることで，課員それぞれの考え方の違いが分かる。

　　＊考え方の違いが分かるということはとても重要である。自分の視野が広がるからである。

②新人へのアドバイス

◆人と違っていれば個性的と言う人がいるが，社会人として守らないといけないことを守った上で違っているなら構わない。

◆自主性を発揮するのはよいが，会社には会社としての慣習や決まりがあるから，それをわきまえた上でないといけない。

◆会社の慣習や決まりも，時代の変化に応じて変えた方がよいものも出てくるので，気付いたことは率直に上司に具申するのがよい。

　　＊具申とは，上役に自分の意見や希望などを正式に申し述べること。

◆会議等で反対意見を言うのはよいが，そのとき，「自分の意見の方が絶対に正しい」などと思わないこと。

　　＊まずは，「相手の主張や考えが，『その人にとっての真実』であることを，深い敬意を持って受け止めることである」（田坂広志著『プロフェッショナル進化論』ＰＨＰビジネス新書）。

　　＊「その人の身になってみる」と言うのは小林秀雄である。こう書いている。「その人の身になってみるというのが，実は批評の極意ですがね。（中略）高みにいて，なんとかかんとかいう言葉はいくらでもありますが，その人の身になってみたら，だいたい言葉はないのです。いったんそこまで行って，なんとかして言葉をみつけるというのが批評なのです」（『人間の建設』新潮社）。これは会議で発言する際の極意でもある。上から目線でけなすのは簡単。でも重要なことは問題解決。そのために何をするべきかと言うことである。その答えは，すでに述べた通りである。

◆協調とは，互いに協力し合うことだけではない。譲り合うことだけでもない。ときには自己主張することも大切である。だが，そのためには協調することの目的をよく理解していなければならない。

■ 確認事項

① 『ガイド3』の「事例研究③」と「事例解説」から，協調性の基本的な意味を確認してください。そして，協調性が「人間関係の要」「事業活動を円滑にしていくための要」「目標達成の要」であることも，ここで再確認しておいてください。

② 『ガイド3』の「要点整理」＜適切な動作と協調性＞から，①コミュニケーションの要，②「あの人は大嫌い」という感情，③協調性は企業を支える要，などについての基本を再確認しておいてください。

③ 『ガイド3』のコラム「誠実さと協調性」を再読してください。頑張る中小企業を支援している経営学者，**坂本光司さん（法政大学大学院教授）**の**『日本でいちばん大切にしたい会社』（あさ出版）**を紹介しています。ここで坂本さんは，企業にとって，ビジネスパーソンにとって，一番大切なこと，一番大事にしなければならないことを教えています。

   ＊坂本さんには，同書の続編である『日本でいちばん大切にしたい会社２』『同３』（あさ出版）のほか，『大切な人に伝えたい 私の心に響いたサービス』（同友館）『ちっちゃいけど，世界一誇りにしたい会社』（ダイヤモンド社）などがある。

   †コラムに登場しているのは，日本理化学工業株式会社の会長である大山泰弘さん。その大山さんには村上龍さんも推薦する『働く幸せ 仕事でいちばん大切なこと』（WAVE出版）がある。

4 積極性, 合理性, 効率性について, 十分理解できる

ビジネスパーソンにとって「積極性, 合理性, 効率性」を考えることは, 仕事の仕方そのものを考えることです。マインドアップです。そしてこれは, キャリアアップへとつながっていきます。

では, その一例を検討してみましょう。ポジティブシンキングの事例です。

事例研究④ 積極性, 合理性, 効率性について, 十分理解できる　case study

次は早川正典が, 仕事は, どのようなことがきっかけになって, その仕方を考えたり, 行われるようになったりするかを考えたことである。中から<u>不適当</u>と思われるものを一つ選びなさい。

(1) 「もっと単純化できないか」という希求から, 仕組みを考える仕事の仕方になるのではないか。

(2) 「もっと質が上がらないか」という希求から, 複雑な仕事の仕方をするようになるのではないか。

(3) 「もっと早くならないか」という希求から, 手間を省く仕事の仕方を考えるようになるのではないか。

(4) 「もっと効率を高められないか」という希求から, 無駄を省く仕事の仕方をするようになるのではないか。

(5) 「もっと安くならないか」という希求から, コストを下げる仕事の仕方を考えるようになるのではないか。

事例解説　instructions

不適当な選択肢は(2)になりますが, さて, どうだったでしょうか。質を上げるとは, 仕事の精度を高めたり付加価値を高めるなどして, 今までよりよい結果を出すことです。複雑とは, いろいろなことが絡み合い, 関係が込み入っていること。従って, 仕事の仕方を複雑にすれば質が上がるというものではないということです。

むしろ, 複雑に絡み合った仕事であるならば, これをできるだけ解きほ

ぐしシンプルにして取り組む必要があるでしょう。これが**選択肢(1)の「単純化」**です。そして，この仕組みづくり（マニュアル化）を考えることは重要です。これによって，**「仕組みを考える仕事の仕方」**になるからです。仕事の深化です。

　すると，質も上がる。**選択肢(3)**のように仕事のスピードも上がり，**選択肢(4)**のように効率も高まります。そして何より，これによって，十分なコストダウンを図ることもできるでしょう。

要点整理　　　　　　　　　　　　　　　　　　the main point

■ 積極性，合理性，効率性について，十分理解できる

1 将来のビジネスを担うために

　これからの仕事の仕方を考え，行動し，仕事をマネジメントしていく。しかもポジティブに。これが，明日の事業を担うビジネスパーソンとして考えていかなければならないことでしょう。「単純化」「質の向上」「迅速化」「効率化」「コストダウン」は，会社の事業運営にとって，半永久的に続く重要な課題だからです。

　だからこそ，ビジネスパーソンは，日々の業務の中で，常にこのことを考え続けていかなければなりません。積極性，合理性，効率性です。出題の意図もここにあります。

　　　　＊そのためには，時間管理も重要なファクターになる。
　　　　＊泉正人さんが経営する日本ファイナンシャルアカデミーでは，「当たり前のことから，つい見過ごしやすい細部まで，とにかくあらゆる『やるべきこと（TO DO）』がすべてチェックシート」になっているそうだ。「担当となった社員はこれをプリントアウトし，上から順に一つ一つこなしていけば，自動的に仕事が完了する仕組み」（『「仕組み」整理術』ダイヤモンド社）だという。泉さんは，このチェックシートを「提出書類の確認，経費精算，オフィスの掃除，システムのメンテナンス」（『「仕組み」仕事術』ディスカヴァー・トゥエンティワン）などあらゆる仕事の場面で活用し，効率を上げている。

2 難しい仕事を幾つも効率よく処理するために

ところで，三つの仕事を同時に抱えてしまったら，さて，あなたならどうするでしょうか。そう，基本的には，優先順位を考えて効率的に処理することになるでしょう。そしてこの対処の仕方は，また別の効果を生み出します。その事例を紹介しましょう。ドラッカーの「もっとも重要なことに集中せよ」（時間を無駄にしているヒマはない）からのものです。

> 人には驚くほど多様な能力がある。人はよろず屋である。だが、その多様性を生産的に使うためには、それらの多様な能力を一つの仕事に集中することが不可欠である。あらゆる能力を一つの成果に向けるには集中するしかない。
>
> もちろん、いろいろな人がいる。同時に二つの仕事を手がけ、テンポを変えていったほうがよくできる人がいる。だがそのような人でも、二つの仕事のいずれにおいても成果をあげるには、まとまった時間が必要である。ただし、三つの仕事を同時に抱えて卓越した成果をあげる人はほとんどいない。
>
> もちろんモーツァルトがいた。彼はいくつかの曲を同時に進めた。すべてが傑作だった。彼は唯一の例外である。バッハ、ヘンデル、ハイドン、ヴェルディは、多作であっても、一度に一曲しか作らなかった。一つを終わらせてからか、一時わきに置いてからでなければ、新しい曲にかからなかった。組織で働く者が仕事のモーツァルトになることは至難である。
>
> 集中は、あまりに多くの仕事に囲まれているからこそ必要となる。なぜなら、一度に一つのことを行うことによってのみ、早く仕事ができるからである。時間と労力と資源を集中するほど、実際にやれる仕事の数や種類は多くなる。これこそ困難な仕事をいくつも行う人たちの秘訣である。彼らは一時に一つの仕事をする。その結果、ほかの人たちよりも少ない時間しか必要としない。
>
> （P.F.ドラッカー著／上田惇生編訳『プロフェッショナルの条件』ダイヤモンド社）
>
> ＊モーツァルトは，一度も楽譜を書き直したことがないそうだ。下書き

アマデウスのことは忘れましょう。

さて，ここで重要なこと。それは一つの仕事に集中することによって，
他の仕事へも好影響を及ぼすということでしょう。合理的かつ効率的な
手法^{スキル}です。

> ＊「賢明にゆっくりと事を運ぶことだな，急いだら仕損じる」とは，『ロ
> ミオとジューリエット』（シェイクスピア作／平井正穂訳，岩波文庫）
> からの言葉だが，ドラッカーも言う。「成果をあげる者は時間と競争し
> ない。ゆっくり進む」と。もちろん，ここでいう「ゆっくり」とは時間
> に余裕を持つということである。そして「もっとも重要なことを最初に
> 行うべく，集中」（前掲書）していくわけである。

出題の視点

検定問題では，事例研究④に見られるように，「積極性，合理性，効率
性」と「仕事の仕方の考え方」との関係などが出題されています。また，
この問題を踏まえての出題もあります。それを，次の事例から確認してお
いてください。

①残業が多い新人へのアドバイス（細かい仕事を次々に指示されている
　ケース）

　◆指示された仕事は一覧表にしておき，仕事がどのくらいあるかいつ
　　も分かるようにしておくこと。

　◆仕事は，後から指示されたものでも先にする必要があれば，他に優
　　先してできるようにしておくこと。

　◆仕事の中で，誰かに確認する必要があることは，相手の都合で遅く
　　ならないように確認だけは早めにしておくこと。

　◆仕事に取りかかるときは，締め切りが迫っているものや取りかかっ
　　ておいた方がよいものから手を付けるようにすること。

②取引先への訪問と時間管理

　◆話が長くなる取引先は，訪問の予定を立てるとき，時間を十分に
　　取っておくようにすること。

　◆約束の時間に行っても，しばらく待たされることの多い取引先は，
　　その分時間を取っておくようにすること。

54

◆取引先回りの予定を立てるとき，できれば場所が近い会社を続けて訪問するようにし，移動時間を短くするようにすること。

③販売成績が上位だった後輩に広報部へ異動の辞令が出たが，後輩は納得できない。そのときのアドバイス（積極性を持たせるために）

◆会社としては，社員にいろいろな仕事を経験させて，人を育てる必要がある。

◆営業だけが会社の仕事ではないのだから，会社としては他の仕事を勉強してもらうつもりでいるのではないか。

◆広報部の仕事は，会社の業務を世間に知ってもらうためなのだから，やりがいがある仕事かもしれない。

◆慣れない仕事には不安もあるだろうが，新しい仕事に挑戦する気概を持ったらどうか。

◆営業で成績を上げたのはそれだけ能力があったからで，会社はその能力を他部署で生かそうとしているのではないか（広報でも期待されているのではないか）。

◆会社の仕事は個人のためにあるのではないのだから，会社の都合で異動になるのは仕方がないことではないか。

確認事項

① 『ガイド3』の「事例研究④」と「事例解説」から，積極性，合理性，効率性の基本的な意味を確認してください。そして，これがキャリアアップへの第一歩であることを認識してください。

② 『ガイド3』の「要点整理」＜積極性，合理性，効率性について，理解できる＞から，その重要性を確認してください。よい仕事ができるための要です。

③ 『ガイド3』の「要点整理」＜出題の視点＞から，その出題傾向を確認してください。①職場での積極的な行動，②営業活動と積極性，③合理的で効率のよい仕事の仕方，について具体的な事例を挙げて解説しています。3級のバリエーションとして出題される場合もありますので，その基本は確認しておくとよいでしょう。

④ 『ガイド3』のコラム「仕事の質を高める積極性，合理性，効率性」を再読してください。合理的に効率よく，そして積極的に仕事を進めてい

くために一番大切なこと，一番大事な心の在り方を紹介しています。人
柄です。

Column

人柄とビジネス実務マナー

言葉の持つ意味を大切にする

さてあなたは，「思いやり」という言葉をどのような意味で理解しているでしょうか。また「優しい」はどうでしょうか。

では，まず**「思いやり」**を『大辞林』(三省堂)で引いてみましょう。

①その人の身になって考えること。察して気遣うこと。同情。②遠くから思うこと。想像。推量。③思いめぐらすこと。思慮。考え。などとあります。

また**「優しい」**はというと，

①穏やかで好ましい。おとなしくて好感がもてる。②思いやりがあって親切だ。心が温かい。③上品で美しい。優美だ。④他人や世間に対してひけ目を感ずる。恥ずかしい。⑤心づかいをして控えめである。つつましやかである。などとありました。

どうでしたか。

この一つ一つの意味に深く関心を寄せることによって，**人柄，人間性**が少しずつ高まっていく。そして，これがビジネスマナーに表れてくる。そんな気がします。なぜなら，この一つ一つの意味の奥にある**他者への気遣い**が，心からの行動（態度）となって表れてくる。そう思うからです。

言葉を大事にするということは，その人の個性，価値観，立場をも大切にしているということを意味します。あらためて，言葉の持つ一つ一つの意味（心）を確かめてください。うわべだけではない，**本当の思いやりや優しさを表すことができる第一歩**なのですから。

では，ここで英国の思想家，アレンの言葉_{メッセージ}を紹介しましょう（抜粋）。

「感じて、気づいて、理解することを覚えていきましょう」と語りかけています。

> 感じて、気づいて、
> 理解することを覚えていきましょう。
>
> 正しい理解を進める心に、
> 過ちも衝動も、姿を消します。

正しい理解は、たゆまぬ努力と実行がもたらします。
心のレッスンなしで、真実にたどり着くことはありません。

根気強さも、努力と実行がもたらします。
そして、継続する強さは、
素晴らしいレッスンの成果を実らせるでしょう。
（中略）
心の準備を、しっかりと整えてください。
それでこそ、真実を愛する人です。
注意深く、思慮深く、毅然と行きましょう。

救いの鍵は、その手に握られています。
必要なのは、心の用意と実行です。
（ジェームズ・アレン著／葉月イオ訳
『幸福に通じる 心の品格』ゴマブックス）

　それぞれの言葉の意味の深さ，広がりを感じながら，実践していく。そして，この心のレッスンが**人柄を高め，人間関係への理解を深めてい**くことにつながっていくのでしょう。

Ⅱ

企業実務

①
組織の機能

seizitu

①　組織の機能

① 業務分掌について，理解がある。
② 職位，職制の持つ役割および機能について，知識がある。
③ 会社などの社会的責任および役割について，知識がある。

1 業務分掌について，理解がある

　業務分掌とは，部署ごとに仕事の分担などを決めたものです。そしてビジネスマンは，その与えられた役割の範囲内で業務を遂行しています。

　では，その具体例を検討してみましょう。業務分担のケーススタディーです。

事例研究①　業務分掌について，理解がある　　　　　　　　　**case study**

　営業１課の星野雄樹はA製品販売のために取引先を訪問し，その用談中に営業２課が扱っているB製品について尋ねられた。星野は先月まで営業２課にいてB製品に詳しかったので説明したところ大変喜ばれ，早速見積もりを出してもらいたいと言われた。このような場合星野は取引先にどのように言うのがよいか。次の中から適当と思われるものを一つ選びなさい。

(1)　直接受けた注文だから，自分が責任を持って見積書を作成させてもらうと言う。
(2)　B製品の担当である営業２課の担当者に，すぐに見積書を持って訪問するよう伝えると言う。
(3)　B製品が売れても自分の営業成績にはならないので，ぜひA製品を注文してもらえないかと言う。
(4)　今回は特例としてB製品を営業１課でも扱えるよう上司に頼んでみるので，しばらく待ってもらえないかと言う。
(5)　今すぐに営業２課の担当者を電話で呼び出すので，改めて担当者の説明を聞いてから注文してもらいたいと言う。

事例解説　instructions

　いかがでしょうか。適当な**選択肢は(2)**になります。

　この会社は製品別に担当部署が分かれています。星野は先月まで2課にいたのだし，説明なら2課の業務成績には関係ないので構わないでしょうが，見積書の提出は2課の業務成績に関わること。担当が別なのだから，2課の担当者に訪問させるのが適当でしょう。

　ではこのことについて，不適当な選択肢から，もう少しその理由を検討してみましょう。

　選択肢(1)は業務分掌に反します。越権行為です。言うまでもなく，1課には1課の仕事があるからです。**選択肢(4)**も同様でしょう。特例などあるわけがない。すでに決められている事項だからです。また，非効率な対応をしているのが**選択肢(5)**です。すでに星野は説明をしています。それを改めて担当から説明させるというのは，どうでしょうか。取引先は「早速見積もりを出してくれ」と言っているのですから，なおさらでしょう。**選択肢(3)**は論外。取引先はB製品に関心を寄せているのですから，このニーズに沿って対応していかなければなりません。これが2課をフォローする1課の仕事（営業）です。そして，この営業が会社への利益貢献につながっていきます。Bも自社の販売製品なのですから。

要点整理　the main point

■ 業務分掌について，理解がある

1 業務分掌の意義

　『ガイド3』で，業務分掌とは部門ごとに仕事の分担を取り決めたもの。これによって，営業は営業の仕事に，広報は広報の仕事に専念できる。効率性である。そしてその前提にあるのは，**「組織を構成する各部門の協力と協調」**（『改訂10版社内規程百科』経営書院）である。そう述べました。コミュニケーションの重要性です。そして，これが事業への貢献につながっていきます。出題の意図もここにあります。

　　＊「業務分掌に従い，効率よく仕事をしていくためには，前章(2)執務要件で挙げた①から④までの項目が大前提。仕事への基本的な取り組み方，

61

良識のある態度，協調性，積極性，合理性，効率性である」（『ガイド3』）。

＊そして，チーム間に強固な協力体制ができれば，一枚岩^{いちまいいわ}となって，組織目標に向かって邁進^{まいしん}することができる。そう，「業務分掌について，理解がある」とは，このことをいう。すると，選択肢(1)や(3)のような行動をとることもない。広い視野から，今の自分の守備範囲（仕事の範囲）を考えているからだ。

　　†一枚岩とは，全員が目標に向かって一致団結した仕事の仕方をすること。

＊一丸となって仕事に邁進していくための仕組みが「業務分掌」である。もちろん，その根っこになるのは，会社のビジョンや理念などへの共感であるのは言うまでもない。

2 業務分掌と各部門の機能（役割）

　それでは，ここで各部門の仕事の分担範囲を見てみましょう。そして，ここから**各セクションが受け持つ重要な役割**を理解しておきましょう。

①広報部

　広報部の仕事は**「会社の宣伝」**です。そしてその最たるものは，社会との良好な関係を築いていくためのヒューマンな仕事にあります。その好例を一つ紹介しましょう。**ヤマトグループ**の新聞広告です。この広告でヤマトホールディングスは，第60回日経広告賞（2011年）で最優秀賞を受賞しました（「日本経済新聞」平成23年10月13日付朝刊）。

> 宅急便ひとつに，
> 希望をひとついれて。
>
> 2011年3月11日。
> 地域に密着した仕事をしてきた私たちにとって、街が消えてしまうほどの
> 壊滅的な被害は、言葉にできない衝撃であり悲しみでした。
> 現地で働く社員にとっては、それは報道で語られるような「数」や「記事」の話ではなく、
> その街でともに暮らしてきた一人ひとりの顔であり、声であり、
> 通いつめた道であり、こまやかな日常のすべてでした。
> 被災し、自らも多くのものを失った社員たちは今、その街や人々

をよく知っている自分たちだからこそできることを探し、行動しています。

そして全国にいる17万人のヤマトグループ全社員に行動で伝えてくれています。

私たちが今やるべきことは何か、と。

これまで宅急便を育ててくれた被災地の水産業・農業も壊滅的な被害を受けました。

これは日本中の人々の食生活にとっても大きな問題です。

私たちは、救援物資の仕分け作業や各拠点への物資輸送の

全面的サポートなど今すぐに必要な支援は継続しながら、

被災地の生活基盤の復興と、水産業・農業の再生支援に向けて動き出します。

産業が復興するまでの道のりは長く険しく莫大な費用が必要です。

まとまったお金を一度に寄付することは難しくても、毎月

自分たちの通常の仕事の中から最大限に捻出する方法はないかと考えました。

私たちが取扱う宅急便は年間約13億個。

宅急便1個につき10円を寄付できれば年間約130億円捻出することができます。

もちろん宅急便の運賃表は変えません。しかしそのお金はまぎれもなく、

全国のみなさんの力で生まれるお金です。

毎月どれくらいの金額になったか、被災地の復興に

どのように活かされて形になるのか、ホームページなどでご報告していきます。

どんなに困難でも恩返しの気持ちを込めてやり通す決意です。

震災から1ヵ月。

世の中の空気も、人の関心も、気持ちも、徐々に変化しています。

一方で、震災がもたらした現実の重さと悲しみに身動きできずに

いる人がいます。

絶対にそのことを忘れないこと。

被災された人でなければ分からない痛みがあることを常に想像し、復興に向けた行動の原点とすること。

私たちは、はじめます。そして、いつもと変わらない自分たちの仕事を続けます。

（ヤマトホールディングス株式会社　http://www.yamato-hd.co.jp/）

いかがでしょうか。これが広報部の作った広告コピーです。ここに，ヤマトＳＤ（セールスドライバー）の仕事を深く理解している広報マンがいます。また，そうでなければ決して書き表すことのできない文章でしょう。

そしてこの広告は，宮沢賢治の「**かなしみはちからに**」と柴田トヨさんの「**くじけないで**」という言葉と，深く共鳴しているかのようです。だからこそ，多くの人からも共感を得たのでしょう。「民間企業が本気で頑張っている」と。

＊糸井重里さんと「ほぼ日刊イトイ新聞」著による『できることをしよう。』（新潮社）では，ヤマトホールディングス社長の木川眞さんと糸井重里さんとの対談も収録。ここで新聞広告が出来上がったいきさつや，被災地のセールスドライバーの活躍などが語られている。そして木川さんいわく，こんな「セールスドライバーを誇りに思う」と。

　　†その他，西條剛央さん（早稲田大学大学院ＭＢＡ専任講師）ユニークなボランティア活動や被災地企業の活動（「ふんばろう東日本支援プロジェクト」）などが紹介されている。「ボランティア活動とは何か」が分かる本でもある。

　　●その西條さんに『人を助けるすんごい仕組み』（ダイヤモンド社）の著作がある。

＊広報の仕事は，「社内向け広報と社外向け広報とに分けることができます。社内広報は社内報などの制作と資料の管理が主な業務ですが、社外広報はマスコミ対応からＩＲ活動まで多岐にわたっています」（君島邦雄監修『広報・ＩＲ部』インデックス・コミュニケーションズ）。前出の「会社の宣伝」も社外広報業務の一つ。

　　†ＩＲとは，Investor Relationsの略。「企業による投資家・株主向けの広報活動のこと」（前掲書）。なおＩＲ部は，その企業によって

64

総務などの部署に位置づけられている場合もあるようだ。ちなみに，日本IR協議会では毎年「IR優良企業賞」を選出している。2011年度は，優良企業大賞としてファミリーマートが，優良企業賞として日産自動車などが選ばれている（「日本経済新聞」平成23年11月9日付朝刊）。

＊広報部やIR部の担当者は，各部門の仕事に精通し，また経営陣の考えを確実に把握しておかなければならない。

＊「かなしみはちからに」は，齋藤孝さん監修による『かなしみはちからに』（朝日新聞出版）からのもの。なお，この言葉は『宮沢賢治全集9「書簡」』（ちくま文庫）に収録されている。「かなしみはちからに、欲りはいつくしみに、いかりは智慧にみちびかるべし。」とある。高校時代の友人に宛てた手紙の中の一部である。

＊百歳の詩人柴田トヨさんには，『くじけないで』と『百歳』（ともに飛鳥新社）の詩集がある。そして被災者を心から励ましている。「これから辛い日々が／続くでしょうが／朝はかならず やってきます／くじけないで！」（『百歳』）と。

②社会貢献部

今，数多くの企業で設置されているのが社会貢献部です。よき企業市民の理念の下，社会貢献活動や環境問題などに取り組んでいる部署です。今後，より重要になるセクションでしょう。企業の社会的責任を果たすためにも。

＊部門名をCSR部としている企業もある。

＊三井物産や三菱商事，日立製作所，富士ゼロックス，NEC，イオン，ヤマト運輸，電通など，数多くの企業で設置されている。また広報・IR部や総務部，企画部などの中に設置されている企業もあるようだ。

†東日本大震災では，富士ゼロックスや三菱商事，三井住友海上など数多くの企業が，社員ボランティアを派遣し，継続して支援活動を行っている（「日本経済新聞」平成23年11月4日付朝刊）。社会貢献部（CSR部）の面目躍如たる活動だ。

③営業部

「お客さまを第一に考える」。これが営業に与えられた最高の使命（ミッション）であり，役割でしょう。小倉昌男さんは，その著『小倉昌男 経営学』（日経BP社）の中で，「宅急便のSDは、優しく親切な人が多いといってお客様にほめられることが多い」と語っています。そして，「サービスは受けるお客の立場に立ち、どうすべきかを判断し実行するという、ヤマ

ト運輸の企業文化が、社員の体質にしみ込んでいるからだ」と，その理由を述べています。

そのヤマトグループの企業理念の一つに，「**礼節（礼儀と節度）を重んじ、社会の一員としてコンプライアンス（法令、企業倫理等の遵守）を実践していきます**」というものがあります。そしてヤマトのＳＤは，このことを常に心に留め置き，顧客第一という役割を全うしています。そう，だからこそＳＤは顧客からも高く評価されているのでしょう。これも人柄のなせる技，ヒューマンスキルです。

いずれにせよ，お客さまのことを第一に考えて行動する。これは全ての営業マンに与えられた重要な仕事でしょう。

④総務部

総務は，「**会社における事務全般を統括している**」部署です。それ故，「**『扇の要』『縁の下の力持ち』などとたとえられて**」（服部英彦監修『**総務部**』インデックス・コミュニケーションズ）います。企業活動を側面から支える重要な機能を持つセクションというわけです。

そして，企業活動を側面から支えているということは，「**技術者が技術開発に打ち込めるため、営業マンが自社製品・商品の売り込みに力を注げるための基盤となる仕事**」（『総務・人事の仕事』実務教育出版）をしているということです。これが，**社員満足度「ＥＳ（エンプロイー・サティスファクション）」**を高めていくということにつながっていきます。そして，この根幹にあるのが各部門のために真摯に働くという**サービス精神**でしょう。

　　　　＊また，総務の担当者は法律にも精通していなければならない。その一つに，商業登記の仕事がある。商業登記とは，会社を設立する際に必要な法手続きのこと。会社名とその所在地，資本金，役員名などを法務局に登記（記載）の申請を行う。この申請が認められると会社設立の運びとなる。そして，これが法務局の登記簿に記載され，一般公開される。もちろん，資本金の変更や役員交代などの場合も変更登記の申請が必要になる。

⑤人事部

人事は，「**人**」に関する「**事**」全ての業務を取り扱う部署です。その中でも採用や人事考課，異動などは重要な仕事の一つになるでしょう。

では採用や異動のとき，その評価の要になるのは何でしょうか。

ヤマト運輸の元会長，小倉昌男さんは，**「誠実であるか，裏表がない
か，利己主義ではなく助け合いの気持ちがあるか，思いやりの気持ちが
あるかなど，人柄に関する項目に点を付ける」**そうです。そして，**「私
は，人柄の良い社員はお客様に喜ばれる良い社員になると信じている」**
（『小倉昌男 経営学』）と語っています。

最初に人柄ありきです。

人柄を重視しての採用業務。必要ならば「人柄育成」に重点を置いた
社員教育を企画する。また，人事考課の評価基準（項目）に「人柄」を
設ける。これが，ひいては会社のため，社員のため，お客さまのために
なる。

そう，いつでもこのようなことを考えながら仕事をすることです。人
材の育成は，人事部に与えられた最大の役割でもあるからです。

なお，「人事」に関することを一つにまとめたものが**就業規則**です。
就業規則とは，会社が従業員の労働条件（始業と終業の時刻や休日・休
暇，給与，退職）や服務規律（職場の秩序の維持，守秘義務），福利厚生，
社員教育などについて定めたものです。

そして，この就業規則の根幹にあるのが，**良心と道徳心，そして愛情**
です。この背景を知って，範となる行動をとる。これが人事部スタッフ
に与えられたもう一つの役割ということになるでしょう。言うまでもな
く，就業規則は人事部の管轄なのですから。

＊採用業務は，インターネットや新聞などでの人材募集案内，応募者から
の照会対応，会社説明会の開催，採用試験と面接試験の準備と実施，そ
して採用内定とその後の連絡事務など多岐にわたる。

†採用業務を担当したスタッフは，今までで一番うれしかったことと
して「人事の人間性にひかれて入社を決心したと言われたこと」（『総
務・人事の仕事』）を挙げている。これは，学生からのいろいろな
問い合わせに対し，一つ一つ丁寧に対応した結果であろう。人事に
「細かな気遣い（マナー）」が求められるゆえんである。そういえば，
ドラッカーは「日本の大企業の人事部ほど責任感にあふれた人たち
はない」と言っている。そして人事部は「教師，道案内，相談相手，
助言者とならなければならない」（『プロフェッショナルの条件』）
とアドバイスを送っている。

＊人材育成の重要性を説いたのは渋沢栄一である。そしてこの渋沢を高
く称賛しているのがP.F.ドラッカーである（上田惇生訳『断絶の時代』

ダイヤモンド社)。

> †渋沢栄一は,「日本資本主義の父」「実業界の父」と呼ばれた人。第
> 一国立銀行(後のみずほ銀行)や帝国ホテル,札幌麦酒会社(後の
> サッポロビール)など,彼が関わった企業は約470社になるという
> (守屋淳訳『現代語訳『論語と算盤』ちくま新書)。

* 人事異動は,「適材適所」の視点に基づいて実施される。そのために人
  事部は,まず社員一人一人の「資質,能力,キャリアなどを総合的な観
  点から検討」(『総務・人事の仕事』)し,各部門と調整の上,配属先を
  決める。なお,その基となるのが現部署での仕事ぶり,実績などである。
  > †資質は,「人柄」と置き換えてもよいだろう。
* 就業規則は労働基準法に基づいて作成し,労働基準監督署に届け出るこ
  とが義務付けられている(常時,10人以上の社員がいる場合)。

⑥経理部

　経理は,**「金銭に関することを扱う」**セクションです。従って経理スタッフは,厳格な守秘義務のもとで仕事ができること,信頼される誠実な人柄であること,データ作りの重要性をきちんと認識していること,などが求められるでしょう。

　例えば,誰もが知りたがる他人の給料。

　言うまでもなく,経理のスタッフは社員の給料を知る立場にいるので,特に厳格な守秘義務(モラル)が求められます。この口の堅さが信用されます。そしてこの基盤にあるのは,**慎重に緻密に情報を取り扱うという強い意思とモラル**です。

* 給与の計算は,まず人事部が賃金規定(基本給や諸手当等が明文化されている)や人事考課などに従って計算。経理部は,この計算結果等を人
  事部から受け取り,再チェックをして,給与を銀行に振り込む。
* 税理士の笠原清明さん(MAPS経理コンサルティング代表)は,データ作りの重要性をこう語る。「現実には、ヒット商品や契約数の拡大だ
  けで必ずしも利益が得られるわけではありません。どれだけたくさんモ
  ノが売れても、その反面で売上代金の回収が滞る、ムダな経費がかかり
  すぎる、借入金の利息負担が経営を圧迫するといった問題が生じていれ
  ば、会社にとって大きなマイナスとなるからです。こうした事態を避け
  るには、現状を正しく反映した正確なデータに基づく経営判断が欠かせ
  ません。この経営判断に直結するデータを集約・作成・提供する経理
  の仕事は、ほかの部門にはない独自な重要性があるといっていいでしょ
  う」(『経理部』インデックス・コミュニケーションズ)と。なお,経営
  判断とは,取締役等で構成されるトップマネジメントから下される方針

のこと。例えば，今期の売り上げに対して広告宣伝費の比率が高かった場合は「来期の事業計画で，広告宣伝費は10パーセント削減せよ」などである。

出題の視点

検定問題では，事例研究①に見られるように，業務分掌の意味とその重要性を中心に出題されています。また，この問題を踏まえての出題もあります。それを，次の事例から確認しておいてください。

①営業2課の担当者が営業1課の販売資料を借りるとき

◆2課の課長に事情を話し，1課の課長に，資料を見せてもらえないかと頼んでもらう。

＊必ず課の責任者を通して行うということ。

②企画課の担当者が販売データを受け取りに行ったとき

このとき，販売係長から「日々の数字はあるがまだ合計が出ていない。急ぐならあなたが計算して持っていってもらいたい」と言われた。

◆急ぐことと，販売係長がよいと言っているのだから，その場で計算し，数字を販売係長に見てもらって持ち帰る。

＊ここで大切なこと。それは販売係長に計算した数字を見てもらうこと。これが他部署からデータをもらうときのマナー。

確認事項

①まず，「組織とは、共通の目的のために働く専門家からなる人間集団である」ことと，「組織は、一つの目的に集中して、はじめて効果的な存在となる」（P.F.ドラッカー著／上田惇生他訳『ポスト資本主義社会』ダイヤモンド社）こととを確認してください。これが「企業実務（組織の機能）」の基盤にある考え方です。

②『ガイド3』の「事例研究①」と「事例解説」から，各部署の仕事の内容を確認しておいてください。これが部署ごとに決められた仕事の範囲（業務分掌）の基本です。

③『ガイド3』の「要点整理」＜業務分掌について，一応，理解している＞から，①業務分掌の意義，②業務分掌と各部門の機能（役割），③業務分掌とビジネス実務マナー，を確認してください。①では，協調性の大切さを，②では，企画開発，製造，営業，物流サービス，広報，総

務，人事，経理等の業務範囲を，そして③では，業務分掌に裏付けられたビジネス実務マナーを，それぞれ事例を交えて解説しています。必ず再確認しておいてください。業務分掌の基本です。

> ＊製造では安全第一と環境問題を，物流サービス（ロジスティクス）では安全運転を心がけることが大切である。効率よりも「人」の安全が第一であるからだ。

④ 『ガイド3』の「要点整理」＜出題の視点＞から，その出題傾向を確認してください。①営業と企画開発の情報交換会議で，②定例の担当者連絡会議で，について具体的な事例を挙げ解説しています。3級のバリエーションとして出題される場合もありますので，その基本は確認しておいてください。

⑤ 『ガイド3』のコラム「連係プレー」を再読してください。社内でのチームワーク，コミュニケーションについて，その具体例を紹介しています。

2 職位，職制の持つ役割および機能について，知識がある

『ガイド3』で説明したように，「職位とは，社長，部長，課長などの肩書（役職名）のこと。職制とは，その職位に与えられた役割（職務）のこと」です。それぞれ職位に合った仕事が割り当てられているというわけです。

では，この職位，職制の持つ役割と機能とは何でしょうか。次の事例から検討してみましょう。

事例研究② 職位，職制の持つ役割および機能について，知識がある　**case study**

企画部の藤原敏弘は，新人から「企画部長のアイデアで開発された新製品がマスコミで話題になり，そのおかげもあって，売り上げも順調のようです。でも，いまひとつ，分からないことがあります。社長はマスコミに対してまるで自分が開発したかのように言っていることです。しかしこの製品を開発したのは，うちの部長であり，実際にその製品化のために努力したのは，部長をはじめわれわれ企画部員です。なぜ，われわれのことは言わないのかよく分からないのです」と聞かれた。このような場合，あなたが藤原ならどのように答えるか。次の中から<u>不適当</u>と思われるものを一つ選びなさい。

(1) 社長は，社長個人として言っているのではなく，会社を代表して発言しているからだ。
(2) 新製品の開発は会社としてしたことであるから，社長はその会社の代表者として発言しているからだ。
(3) 社長は創業者で一族が株主であり，その会社の製品なので，自分の会社のものとして発言しているからだ。
(4) 部長のアイデアでも，部長は個人の仕事としてではなく会社の仕事としてしたのであり，責任は会社にあるからだ。
(5) 企画部で開発したとしても，仕事は企画部だけでできるわけではないので，社長は全体を代表して言ったことになる。

　社長の重要な役割の一つに，会社の代表者として社会全般に**メッセージを発信**するというものがあります。そして社長は，この役割を果たすため事あるごとに具体的な対応をしています。その一例がマスコミ応対です。この**実際にしなければならない仕事，これが機能**と呼ばれているものです。

　もちろん，この発言には**責任**が伴います。従って，何か不祥事が起きれば，会社の代表者として責任を取らなければなりません。**適当な選択肢である(1)(2)(4)(5)**は，このような背景のもとにシチュエーションされたものです。

　従って，不適当な**選択肢は(3)**になりますが，いかがでしょうか。社長は，組織の代表者としてメッセージを発信することが役割であって，社会的な地位，立場を離れて個人的な事情から発言をすることはないということです。

　　＊社長はマスコミの他，社員や顧客，株主，取引業者などの利害関係者，いわゆるステークホルダーに対しても，それぞれ説明責任を果たさなければならない機能（働き）を持つ。

　　＊経営者（トップマネジメント）の最大の役割は，会社の経営理念の設定とこれに基づいた会社の基本方針（短期や中長期の計画）の決定にある。この基本方針の中には，新製品の開発やこれに関わる利益計画などがあり，この計画の実現のために，社長は職制（管理監督職）に対し指示命令を出すわけである。この指示命令も社長の担っている機能（働き）の一つである。

　　＊選択肢(4)の補足。職制である「部長は個人の仕事としてではなく会社の仕事としてした」は，組織人として仕事をしたということ。また，新製品の開発を具体化するのは部長の重要な役割となる。そして新製品の開発を実現するために，関係部署に協力を仰ぎ，企画部員に適切な指示を行う。これが部長の担っている機能（具体的になすべき仕事）である。

要点整理 the main point

■ 職位，職制の持つ役割および機能について，知識がある

1 役割と機能の意味

　職制としての管理監督職には，売り上げ目標の達成や人材の育成，部課

のマネジメントなど，果たさなければならない使命が幾つかあります。これが役割です。そして，この**役割**を果たすための具体的な仕事，それが**機能**です。

　その意味で役割とは，経営陣から与えられた使命であり，この使命の実現のために行う個々の具体的な働きが機能ということになるでしょう。

　　　　＊経営陣（トップマネジメント）の意思や事業の基本方針などを確実に理解しておくことも管理
　　　　監督職の重要な役割の一つ。全社員に周知徹底し，事業計画の実現を図
　　　　るために，である。

　では，次に職位，職制における役割と機能について，その概略を具体的に見てみましょう。営業部の事例です。

2 職制の役割と機能

	役　割	機　能
部　長	①経営理念と事業の基本方針の理解（経営サイドから示される）。 ②経営の基本方針に基づいた部事業計画案の作成。 ③経営陣（取締役会）の補佐 ④部のマネジメント ⑤人材の育成（教育）	①部に対して，経営理念と事業の基本方針の周知徹底。 ②部としての事業計画の実施を，営業1課，営業2課等の課長に命じる。そして部門長として，各課を統括し組織目標の達成を図る。 ③経営陣に対し，計画の進捗状況等の報告をする。場合によっては，新企画の立案なども行う。 ④コーチングなど。 ⑤人事の管理と人事考課。 ⑥他部門長との交流。 ⑦課長や係長，担当スタッフとの交流。 ⑧その他。
課　長	①経営理念と基本方針の理解。 ②部事業計画に基づいた課の実施計画の作成。 ③部長の補佐	①課に対して，経営理念と事業の基本方針を周知徹底させる。

		④課のマネジメント ⑤人材の育成（教育）	②部としての事業計画に基づき，1課なら1課としての実施計画を立て，その実行を課内の係長に命じる。 ③部長に対し，計画の進捗状況や売り上げ等の報告を行う。 ④課内業務の指揮監督，係長とスタッフへの助言など。 ⑤場合によっては，係長やスタッフとともに顧客への対応を行う。 ⑥コーチングなど。 ⑦人事の管理と人事考課。 ⑧その他。
	係　長	①経営理念や基本方針の理解。 ②課の実施計画に基づいた係の業務実施計画の作成。 ③課長の補佐 ④部下の教育 ⑤係のマネジメント（業務管理）	①係に対して，経営理念と事業の基本方針の周知徹底。 ②課としての実施計画に基づいて，係員の担当業務を決め，その実行を命じる。 ③課長に対し，計画の進捗状況や売り上げ等の報告を行う。 ④コスト管理や仕事の仕方の改善，各種届け出等への対処など，業務全般の管理。 ⑤コーチングなど。 ⑥人事の管理と人事考課。 ⑦その他。

＊役割と機能は連動している。この一貫した仕事の流れの中で，それぞれの役割を果たしているわけである。また役割と機能は，合理的かつ効率的に仕事をしていくためのよりどころになるものでもある。

＊機能を，「役割」の中に入れ広義に解釈しても構わない。ともに切っても切れない関係にあるからだ。

3 役割と機能の意義

　役割と機能は経営目的の実現のためにあります。そして，社長をはじめ全社員はそれぞれの職務に従って真摯に業務を遂行していくわけです。思いは一つ，共通目標の達成です。出題の意図もここにあります。ともに役割分担をしながら，個々の仕事を全うしていくというわけです。事例研究②「社長のマスコミ対応」もその一例です。

■ 出題の視点

　検定問題では，事例研究②に見られるように**「職位，職制の持つ役割と機能」**が問われます。またこれを踏まえてのケーススタディーもあります。その内容を，次の事例から確認しておいてください。

> ＊会社には，営業や総務などの部門があり，それぞれの役割を果たしている（業務分掌）。そして，それぞれの部門には部長，課長などの職位を持った管理監督者（職制）がいて業務を統括管理している。この一連の流れを確実に理解しておくこと。「業務分掌」と「職位，職制」が総合的に出題される場合もあるからだ。

①担当者が上司から承認印をもらうとき

◆係長の承認印が必要な書類だが，係長が不在のときは課長に承認印をもらう。

> ＊事情を話してから承認印をもらうこと。

◆係長と課長の承認印が必要な伝票だが，課長が不在の場合は係長の承認印をもらった後，課長の代わりに部長からもらう。

> ＊職位，職制に従って承認印をもらうということ。

②営業課員が広報課へ協力を依頼するとき

◆部門はそれぞれ独立しているのだから，営業課長から広報課長に話をしてもらう。

◆係長に話して了解を得られたら，後は係長にお願いして必要な連絡や依頼をしてもらう。

◆係長同士で具体的なことを話し合ってもらって，了解を得られたら課長の承認を得てもらう。

◆他部門への協力依頼だから，お願いの内容を文書にして営業課長から広報課長に出してもらう。

> ＊決して担当者同士では話を決めないこと。それぞれの仕事は職制から下

されるからである。

③職位，職制の役割

◆「相談役」とは，経営上の相談に乗って助言をする役目の人。

◆「顧問」とは，会社の経営上の相談を受けて意見を言う役目の人。

◆「代表取締役」とは，取締役会の一員で会社を代表する権限のある役職のこと。

◆「取締役」とは，いわゆる役員（重役）のことで，会社の業務執行に関する意思決定をする取締役会の一員。

◆「監査役」とは，その会社の会計や業務を監督し，検査をする役職のこと。

◆「専務取締役」とは，社長を補佐する役目の取締役。

◆「常務取締役」とは，社長を補佐する役目の取締役。一般に専務取締役の下位に置かれる。

◆「次長」とは，部長を補佐する役職のこと。職位は部長と課長の間である。

◆「課長代理」とは，課長の職務を補佐する役職のこと。職位は課長と係長の間である。

■ 確認事項

①『ガイド3』の「事例研究②」と「事例解説」から，係長の役割を確認しておいてください。そしてここから，「係長は仕事の推進役である」ということを実感してください。なぜなら，係長の指示でそれぞれの担当の仕事が始まり，これが事業への貢献へとつながっていくからです。その重責を担う要にいるのが係長というわけです。

> ＊野中郁次郎さんと遠藤功さんの『日本企業にいま大切なこと』（ＰＨＰ新書）によると，トヨタでは，係長や班長を重視しているそうだ。「面倒をみる」のは，この監督職であるからだ。

②『ガイド3』の「要点整理」＜職位，職制について，一般的に知っている＞から，①業務を円滑に運ぶために，②職制の役割，③職位，職制とビジネス実務マナー，を確認してください。①では，組織における職位，職制の重要さを，②では，部長，課長，係長それぞれの重要な役割を，そして③では，管理監督者との関係を，ビジネス実務マナーの視点から

解説しています。とても重要な箇所ですから，確実に理解しておいてください。

> ＊『ガイド３』では，特に役割と機能は分類せずに，大きく「役割」の中に入れて説明している。

③『ガイド３』の「要点整理」＜出題の視点＞から，その出題傾向を確認してください。「職位，職制と良識ある態度」の具体的な事例として，幾つか紹介しています。３級のバリエーションとして出題される場合もありますので，その基本は確実に押さえておいてください。

④『ガイド３』のコラム「スタッフからの提案」を再読してください。企業実務の根っこにあるのは，現場の第一線で働いているスタッフの気付きと思いやりにあることが分かります。このコラムは，『＜ユニバーサル＞を創る』（井上滋樹著，岩波書店）からの引用ですが，次項の「会社などの社会的責任」にも通じる「人に優しい企業実務」の実例です。参考にしてください。

3 会社などの社会的責任および役割について，知識がある

　企業の社会的責任（ＣＳＲ）には，「法を守り，納税の義務を果たす責任，雇用の創出，社会貢献活動」などがあります。

　また**企業の役割（使命）**として，その「社会的責任」を果たすこと，社会の要望（ニーズ）に応えること，そして，一人一人の顧客に最高の満足を提供すること，などが挙げられるでしょう。

　では，経済社会の担い手である企業が，社会に対し責任を果たしていくためのケースにはどのようなものがあるでしょうか。次の事例から検討してみましょう。

事例研究③ 会社などの社会的責任および役割について，知識がある　　case study

　営業部の柳沢健吾は社外研修で，講師から「経済社会の担い手としての企業には，社会に対し果たさなければならない道徳的な責任がある。それにはどのようなケースがあると思うか」と言われた。次はこのことに対し，柳沢が考えたことである。中から<u>不適当</u>と思われるものを一つ選びなさい。

(1)　自社製品に不良品が出た場合は，いくら経費がかかろうと最後の1台まで修理または回収に努力するということではないか。

(2)　レストランで食材に衛生上の問題が生じたときは，それを使った品はメニューから外して来店客に迷惑をかけないということではないか。

(3)　災害などで社会的に大きな出来事があったら，通常の仕事よりも社会貢献を優先することを考えに入れておく必要もあるということではないか。

(4)　会社は社会の公器なのだから，営業マンは会社のことだけではなく，社会のことも考えて責任ある活動をしていかなければならないということではないか。

(5)　会社での節電は，人命を預かる医療機関などに支障が生じることがないようにするためのものでもあるので，心して取り組む必要があるということではないか。

　ここでは，企業の**「道徳的な責任」**が問われています。そして，この
キーワードから**不適当な選択肢は(2)**になりますが，いかがでしょうか。

　衛生上のトラブルです。そしてそれが見つかったわけですから，まずは
自ら営業の自粛をするべきでしょう。確かに，食事をしに来たお客さまに
は迷惑がかかるかもしれませんが，一品だけの問題ではありません。ここ
は全ての食材を調べ，食中毒等の健康被害を起こさないように努力しなけ
ればならない。まずは食の安全と安心を第一に心を砕く。そういうことで
しょう。これが企業の社会的責任の一つです。

　　　　　＊行政に届け出て，指導を仰ぐことは言うまでもないだろう。

　では「企業の社会的責任」の事例には，他にどのようなものがあるでしょ
うか。次にそれを見てみましょう。**選択肢(1)**には，販売した製品に対し
最後まで責任を持つという意思が見えます。徹底した顧客第一主義です。
ここにコスト意識はありません。あるのは，「お客さまのために」という
奉仕の精神です。**選択肢(3)**は社会への目配りです。通常の仕事は二の次
にして社会への貢献を果たす。企業は社会的な存在（経済の担い手）であ
るのでなおさらでしょう。**選択肢(4)**も同様のケースでしょう。そして**選
択肢(5)**は，社会人として，組織人としての思慮深さです。言われたから
やるのではない。他への影響を考えながら行動をとるということです。

　これが**道徳心に裏打ちされた企業実務**の一例です。

　　　　　＊節電は，同時に二酸化炭素の排出量を減らすこともできる。言うまでも
　　　　　　なく，環境への配慮である。

■ 会社などの社会的責任および役割について，知識がある

1 企業は社会とともにある

　企業社会には，自社さえよければそれでよしとする発想はありません。
顧客と社会・地域社会とともにある，そんな思いで事業活動をしています。
公共心です。言うまでもなく，顧客や社会に受け入れられなければ，企業
（事業）そのものが成り立たなくなるからです。だからこそ企業は，社会
や顧客との間に信頼関係を築くために，お客さま第一主義（顧客志向）を

貫いているのです。出題の意図もここにあります。

2 利益よりも優先することがある

　数多くの企業は東日本大震災の後で，いろいろな貢献活動をしています。そんな中，「**コマツの野路國夫社長は震災直後、社員に向けたメッセージのなかで『災害の復旧や復興支援は売上や利益に優先します』と明言**」（野中郁次郎，遠藤功著『日本企業にいま大切なこと』PHP新書）したそうです。そしてコマツ（小松製作所）では，被災地の復旧復興のために，建設機械やフォークリフト，仮設郵便局用のハウスなどを無償貸与しているそうです。もう一例，紹介しましょう。こんなケースです。

> 　かつて私が三菱電機に勤務していたとき、何百億円も投資したアルゼンチンの水力発電プラントが、アルゼンチンの国家破産で一銭も回収できない事態に陥ったことがありました。それなのに、三菱電機は何人ものエンジニアを現地に送り込み、設備のメンテナンスを続けていた。
>
> 　私自身はその事業の担当ではなかったのですが、当時二十代の若輩だった私は、「なぜそんなことを続けるんですか。さっさと引き揚げるべきです」と言ったところ、上司に「三菱は、そういうことをしないんだよ」とこっぴどく叱られたのを覚えています。そのとき、まさに「この事業は国の代表として三菱がやっている」という気概を感じました。
>
> （野中郁次郎，遠藤功著『日本企業にいま大切なこと』PHP新書）

　いかがでしょうか。これが遠藤さんの言う「**企業は社会の公器であり、地域や国や世界全体に貢献する存在**」であり，決して「利益一辺倒ではない」ことの一例です。そしてここからも「**情に根ざした知、知性を備えた情**」（中西進著『日本人の愛したことば』東京書籍）が垣間見えてくるようです。

> ＊その他の企業活動については，野中郁次郎さんと紺野登さんの共著である『美徳の経営』（NTT出版）に数多くの事例が収録されている。特に「人間中心」の視点は，ヒューマンな企業実務を考える上で大いに参考になる。
>
> ＊中西さんいわく，「深々と情に根ざした知性（intelligence）」は「日本文化の特質」である。

＊イトーヨーカ堂は東日本大震災での被災者に対し，利益は二の次で支援活動を行った（「日本経済新聞」平成23年12月5日付夕刊）。

3 豊かな社会は企業の社会貢献から

フィランソロピーとは，言うまでもなく「社会貢献活動」のことですが，この言葉がもてはやされる前から，数多くの経営者は高い志を持って社会貢献事業を実践していました。そう，**「世のため人のためという目線の高さ」**（上田惇生著『ドラッカー　時代を超える言葉』ダイヤモンド社）で。そんなケースを紹介しましょう。

①社会への恩返し

稲盛和夫さん（京セラの創業者）は，私財を投じて**稲盛財団**をつくり，「先端技術、基礎科学、思想・芸術の各分野ですばらしい業績を上げ、多大な貢献を果たした人たちを選んで顕彰」しています。世に言う**「京都賞」**です。「現在では、ノーベル賞に匹敵する国際賞として高く評価」されているといいます（**稲盛和夫著『生き方』サンマーク出版**）。

＊稲盛さんにとってこの事業は，社会への利益の還元，社会への恩返しである。

＊この事業活動を評価された稲盛さんは，カーネギー協会から「アンドリュー・カーネギー博愛賞」を受賞している。日本人では初めての受賞である。

②ノーマライゼーションで障害者に笑顔を

小倉昌男さんはヤマト運輸の会長を辞した後，個人資産のほとんどを投じて**ヤマト福祉財団**を設立しました。そして，無報酬の初代理事長に就き，障害者の自立支援事業に当たりました。その業務は，経営セミナーの開催，障害のある大学生への奨学金，障害者雇用支援事業，福祉施設の施設助成金（エアコンの設置，送迎用ワゴン車の購入その他）など，多岐にわたっています。

また，**「ヤマト福祉財団賞」**を創設し，障害者の雇用創出や労働環境の改善等に功績のあった人を対象に表彰しています（**小倉昌男著『福祉を変える経営』日経ＢＰ社**）。

＊『福祉を変える経営』のサブタイトルは，「障害者の月給一万円からの脱出」である。同書から，その意味するところと企業の社会的責任の重さを感じ取ってください。

＊ノーマライゼーションとは，「高齢者や障害者などを施設に隔離せず、

健常者と一緒に助け合いながら暮らしていくのが正常な社会のあり方であるとする考え方」（『大辞泉』）のこと。同財団は，この理念を実現すべく障害のある人たちの自立と社会参加を支援している。

　†その実践例に「ヤマト福祉財団の独自事業として障害者を雇用したパン屋」の開店がある。「スワンベーカリー」である。そして小倉さんの考えに賛同し協力してくれたのが「アンデルセン」や「リトルマーメイド」のチェーン店を持つタカキベーカリー（広島の大手パンメーカー）である。

　＊障害者を積極的に雇用している民間企業には，ユニクロや日本マクドナルド，すかいらーく，ヤマト運輸など数多くあるが，以下に紹介する書籍にも数多くの雇用事例が収録されている。雇用と社会的責任を考える上で大いに参考になる本である。

　　†坂本光司＋坂本研究室著『"弱者"にやさしい会社の話』（近代セールス社）

　　大山泰弘著『働く幸せ』（ＷＡＶＥ出版）

　　高嶋建夫著『障害者が輝く組織』（日本経済新聞出版社）

　　渡邉幸義著『社員みんながやさしくなった』（かんき出版）

　　ＮＨＫ「仕事学のすすめ」制作班編『柳井正 わがドラッカー流経営論』（ＮＨＫ出版）

③あなたを尊敬しています

　ウォーレン・バフェットは株主から，**「慈善事業に取り組むあなたを尊敬しています」**と称えられました。また，バフェットの親友，ビル・ゲイツ（マイクロソフト社会長）は**「ビル＆メリンダ・ゲイツ財団」**を創設。慈善活動を行っています。そのゲイツが，株主から**「『教育への貢献に感謝しています』と熱っぽく言われたときなど、笑みを浮かべて、恥ずかしそうに顔を赤らめた」**（ジェフ・マシューズ著／黒輪篤嗣訳『バフェットの株主総会』エクスナレッジ）そうです。

　ちなみに，オマハの賢人，世界一の投資家（大富豪）などと呼ばれているバフェットも相当な金額を同財団に寄付しています。これも社会への恩返しの一例でしょう。富める者の務めとして。

　　＊ビル・ゲイツも「アンドリュー・カーネギー博愛賞」を受賞している。

　　＊ドラッカーはこう語る。「経営の『社会的責任』について論じた歴史的人物の中で，かの偉大な明治を築いた偉大な人物の一人である渋沢栄一の右に出るものを知らない。彼は世界のだれよりも早く，経営の本質は

『責任』にほかならないということを見抜いていた」(『マネジメント(上)』ダイヤモンド社)と。では渋沢の果たした社会的責任とは何か。その一例として挙げられるのが，生活に困窮している人々を救うための東京市養育院。医療では東京慈恵会，日本赤十字社，聖路加国際病院などの設立である。また，教育機関では一橋大学，日本女子大学，同志社大学などの創設にも関わっている。渋沢は「人々を幸せにする目的」で公益事業にも積極的に取り組んでいたわけだ。「氷心」である(『現代語訳 論語と算盤』)。

　　† 氷心とは，清く澄んだ心のこと。

4 社会的責任を果たすための原資

　それは言うまでもなく利益(儲け)です。これなしには何もできません。松下幸之助(パナソニック創業者)はこう語っているそうです。

> 　企業は利益を追求して大いに儲けなければいけない。大きな企業が適正な利益を上げれば、多額の税金を納めるから国民全体の利益になる。逆に大きな企業が赤字を出せば、税金を払えなくなるだけでなく、政府も放っておくわけにはいかなくなる。係員を出して調べたり、場合によっては援助もしなければならなくなる。
> 　そのカネは国民の税金から出ていくのだ。大企業が赤字を出せば国民を苦しめることになるから、知恵を絞って、赤字にならないように舵取りをしなければならない。
> 　企業は儲けた利益をダムが水を蓄えるように蓄えて、次の事業のために投資するのだ。企業が利益を追求することによって、企業も栄え、社会も発展することができる。企業が利益を上げ、儲けた利益を蓄えて事業に再投資することは、みんなのためになることなのだ。みんなのためになることを行なっていれば、おのずと儲かるようになる。利益は社会からの報酬なのだ。
> (望月護著『ドラッカーと福沢諭吉』祥伝社)

　いかがでしょうか。これが利益に対する基本的な考え方です。ドラッカーも語ります。「利益は[企業にとって]存続の条件である。利益は[未来の費用]つまり事業を継続する費用なのである」(『マネジメント(上)』)と。

　そう，だからこその利益追求です。これを「金儲け第一主義だ」と揶揄する向きもありますが，決してそうではない。望月さんはこう語ります。

「売上を増やすことが社会を発展させ、経済を成長させる原動力である」と。
そしてこれが利益追求の第一義です。

> * 「民間企業が儲けるから雇用が増え、税収も増えて、みんなが豊かになる」ことを初めて理論的に説明したのは、ヨーゼフ・アロイス・シュムペーター（経済学者）である。が、その前にすでに気付いていた人がいた。誰あろう福沢諭吉その人である（望月護著『ドラッカーの予言　日本は、よみがえる』祥伝社黄金文庫）。

> * 言葉を換えて言えば、利益はほんの一握りの人のためにあるのではないということ。渋沢栄一も「利益を独占するな。社会に還元せよ」と説き、自ら実践した経営者である。

出題の視点

　検定問題では、事例研究③に見られるように**「企業の社会的責任について」**を中心に出題されています。確実に理解しておいてください。キーワードは**公共心と道徳律**です。

確認事項

① 『ガイド3』の「事例研究③」と「事例解説」から、社会貢献活動の事例を確認しておいてください。そしてここから、**企業は優れて社会的存在であること**を認識してください。

② 『ガイド3』の「要点整理」＜会社などの社会的責任について、知っている＞から、①企業は優れて社会的存在、②企業の社会的責任とビジネスパーソンの役割、③「尊敬できる会社や人物のもとで働いてください」（『バフェットの株主総会』）、を確認してください。①では、利益確保が社会貢献につながることを、②では、企業の社会的責任を果たす立役者は一人一人のビジネスマンでもあることを、そして③では、「尊敬できる会社」とは、どのような姿勢で事業活動をしているのかを、公共心の視点から解説しています。とても重要な箇所ですから、確実に理解しておいてください。

③ 『ガイド3』の「要点整理」＜出題の視点＞から、その出題傾向を確認してください。「社会貢献」の具体的な事例として、幾つか紹介しています。3級のバリエーションとして出題される場合もありますので、その基本は確実に押さえておいてください。

④ 『ガイド3』のコラム「社会貢献の心が問われるとき」を再読してください。ディズニー・ワールドがハリケーンに襲われたときのスタッフの奮闘ぶり。そしてハリケーンで被害を受けた近隣の人たちへのスタッフの献身的な支援活動等を紹介しています。このコラムは，**『感動をつくる』**（**リー・コッカレル著／月沢李歌子訳，ダイヤモンド社**）からの引用ですが，トップから**「仲間を誇りに思う」**と言わしめるほどの活躍でした。

> ＊同書は，「だれでもリーダーになれる『ソフトスキルの書』」。そして，ここで著者は，全てのビジネスパーソンに求められるリーダーシップの重要性を，具体例を交えて解説している。

III

対 人 関 係

sinrai

① 人間関係

- ① 人間関係への対処について，理解がある。
- ② 人間関係の心理について，基礎的な知識がある。

1 人間関係への対処について，理解がある

　人間関係への対処の基本，それは言うまでもなく，他者への配慮と気遣いにあるでしょう。そしてもう一つ大切なこと，それが **「自分の心を知る」** ことです。なぜなら，相手と心からの 交 流 （意思疎通）を図ろうとするとき，自分のことを知っていなければうまく対処できないケースもあるからです。

　では，その事例を検討してみましょう。人間関係への対処のケーススタディーです。

事例研究① 人間関係への対処について，理解がある　　　　**case study**

　伊集院勇人は課長から，「相手への気遣いが，良好なコミュニケーションを図る上での基本になる。そのためには，自分の心を理解していないと対処がうわべだけのものになり，意思の疎通も図れない」と言われた。次はそのとき，伊集院が考えた「自分の心を知ってする相手への対処法」である。中から下適当と思われるものを一つ選びなさい。

(1)　独り善がりの行動をとる同僚には
　　「自分もそのような行動をとることがあるのだから，その同僚にはこれからは非難めいた言い方はしないようにしよう」
(2)　他人の意見にことごとく反対する同僚には
　　「自分も反対することはあるが，同僚は性格がひねくれているからで，それは人格上のことだからこれからは人格を問題にすることにしよう」
(3)　丁寧に指導しても後輩の態度が変わらないときは
　　「確かに自分も変えたくないものを持っているのだから，後輩の指導も別の指導の仕方を工夫してみよう」
(4)　過ちを犯した新人に注意しても反省しないときは

「かつて自分にも，プライドがあって自分の過ちを素直に認めないと
きもあったのだから，その気持ちにも気を配りながら対応していこう」
(5) 相手を傷つけるような物の言い方をする後輩には
「自分でも思いがけずについ言ってしまうことがあるのだから，注意
するときは，同じ目線で感じよく対処していこう」

事例解説　　instructions

不適当な選択肢は(2)になりますが，いかがでしょうか。

ここでの意味は，「反対ばかりしているのは，お前の性格がひねくれて
いるからだ。その性格を含めた人格上の問題点を，ここで正してやろう」
ということです。

でも，このような対処の仕方は避けるべきでしょう。人格攻撃になるか
らです。なぜ，人格攻撃かというと，その反対意見の適否を問わずに，「反
対ばかりするのは，偏屈な性格のせいだ」と決め付けているからです。何
より，人の性格はさまざま。そして，その性格に善しあしはありません。

従ってここは，反対意見の一つ一つを丁寧に検討し，是々非々で話し合
いを進めていくことでしょう。時間はかかるでしょうが，これがビジネス
パーソンの人間関係対処法です。

> ＊全てに反対するのは，性格がひねくれているからとは限らない。これに
> 似た言い方に，「新人はまだ若いから何一つうまくいかないんだ」など
> もある。もちろん，そうとは限らない。
> ＊人格攻撃は，相手からの反感を買うことになる。攻撃されれば，誰でも
> 防御に回るからだ。これでコミュニケーションを図ることはできない
> (『ガイド3』p.95「②心と人間関係」参照)。

さて，対人関係対処法で大切なこと。それは自分の心を見詰め，対処の
仕方を変えていくことです。その**適切なケース**が選択肢(1)(3)(4)(5)に
なります。自分にもそういうところがある。自分がそう言われたときの気
持ちを考え対処していく。これが大切ということでしょう。改めて，適切
な選択肢を確認しておいてください。

■ 人間関係への対処について，理解がある

1 スキルからヒューマンスキルへ

　人間関係への対処は，スキルを超えた，いわゆるヒューマンスキルが身に付いていて初めて本物になります。例えばこんなケースがあります。なでしこジャパン（日本女子代表サッカーチーム）監督，佐々木則夫さんの言葉です。

> 　選手たちが自分らしさを表現しやすくするために、僕は心がけていることがある。なでしこジャパンというチームを、彼女たちにとって「できないこと」を指摘されるだけの場所にしないということだ。
>
> 　なでしこジャパンには、たいていのチームと同様、レギュラーもいればサブメンバーもいる。指導者がやりがちなことといったら、レギュラーを確保できない選手のミスを指摘することだ。今のじゃだめだ。もっと頑張れ。その指導者は、選手に奮起を促しているつもりなのだろう。
>
> 　だが、そういう指導者がいるチームでは、だいたいいつも同じ選手ばかりが叱られている。できない選手の、できないことを指摘ばかりして、その選手は成長するだろうか。
>
> 　正しいやり方はそうじゃない。
>
> 　指導者がやるべきことは、まず選手の長所を見抜き、それを認めているんだというメッセージを本人に伝えることだ。プレー中のミスは、叱られたから減るというものではない。大好きなサッカーを「もっとうまくなりたい」と思って努力するからこそ、ミスは減るのだ。
>
> （佐々木則夫著『なでしこ力（ちから）』講談社）
>
> ＊引用文の章タイトルは「横から目線」。

　いかがでしょうか。これがヒューマンスキルの一例です。
　人の性格や能力（センス）はさまざま。そして長所もあれば短所もあるのが私たちです。**自己理解**です。この**謙虚さ**を忘れずに対処することです。すると，相手が「嫌がること」は何かが見えてきます。相手の「よさ」も見えてきます。**他者理解**です。そしてこれが良好なコミュニケーションを築く基盤

になるでしょう。相手の心の多様性を考えながら対応していくというわけです。出題の意図もここにあります。

　　＊人は多様である。もちろん，自分もその中の１人である。自分だけが別
　　　格に存在しているわけではない。それぞれによさもあり不十分なところ
　　　もある。この考え方（広い心）が自己理解と他者理解へとつながる。そ
　　　してこれは，ビジネスマナーの根幹でもある。吉本隆明さん（文芸批評
　　　家）も，「人やものに対する判断や評価は、見ている側の心の解釈次第
　　　ですから、自分の考え方が絶対だと信じ込むのは危ないことだと思いま
　　　す。そもそも人やものに対してそれが百パーセントいいとか悪いとか決
　　　められるものではない」（『真贋（しんがん）』講談社インターナショナル）と語る。
　　＊佐々木則夫監督ことノリさんも，このことを前提に「横から目線」を書
　　　き上げたのだろう。選択肢(2)のように，相手を責め立てるだけの狭量な
　　　態度からは，相手のよさを引き出すことはできないからだ。ここから，
　　　「対等のスタンス」で相手を見るということが，いかに大切かが分かる。
　　＊デルフォイにあるアポロン神殿には「汝自身を知れ」とあるそうだ。古
　　　代ギリシャ時代の言葉である。また，「自分自身の心が読めない人は、
　　　真の教養人とはいえない」（『魂の錬金術』作品社）と語っているのは，
　　　エリック・ホッファー（社会哲学者）である。

２三省の心

　でも，なかなかうまくいかないケースも出てくるかもしれません。そんなときは，**「自分は毎日三度、自分のしたことを反省する。人の相談にのってあげて十分誠意をつくしたか。友人と談話する間にいい加減なことを言わなかったか。（弟子たちに）未熟な知識を教えなかったか」（宮崎市定著『現代語訳「論語」』岩波現代文庫）**の言葉を胸に刻み，慎重に対応してください。人間関係への対処の仕方が，日々の積み重ねによって磨かれていきます。「三省（さんせい）」の心です。これでヒューマンスキルも確実に向上するでしょう。ぜひ，実践してください。

　　＊「三省」の故事でも有名な「吾は日に三たび吾が身を省みる」について，
　　　吉川幸次郎さんは伊藤仁斎の言葉を引用してこう語る。「反省される事
　　　柄が、すべて他人に関係する事柄であることに注意せよ」（吉川幸次郎
　　　著『論語上』朝日選書）と。これが思いやりの心をつくる。とても大切
　　　な心の習慣である。
　　　　†伊藤仁斎は，江戸時代元禄期の儒学者。井原西鶴や忠臣蔵で有名な
　　　　　大石内蔵助（くらのすけ）もこの仁斎の塾に通っていたそうだ（吉川幸次郎著『「論
　　　　　語」の話』ちくま学芸文庫）。
　　　　†三省堂書店の会社名は，この「三省」の故事に由来する。

検定問題では事例研究①の他，次のような事例が出題されています。そのケーススタディーを確認しておいてください。対処の基本と応用です。

> ＊第Ⅰ章(1)ビジネスマンとしての資質と(2)執務要件とを確認のこと。良好な人間関係を築いていくための基本（あいさつ，身だしなみ，良識，協調性など）を解説している。

①好ましい人間関係を築くために

　◆上司や先輩後輩に関係なく，あいさつは，相手がしなくても自分からするようにしている。

　◆上司や先輩と話したり行動したりするときは，いつも敬意を忘れず相手を立てるようにしている。

　◆後輩に注意するときは，する注意にもよるが，人目につかない場所を選んでするようにしている。

> ＊このときの注意点は，①他の人との比較はしないようにする。②言葉や話し方が感情的にならないようにする。③どうしてそうなったかの言い分があれば聞くようにする。などである。

　◆後輩から相談されたときは，自分の問題として捉え，親身になって一緒に考えるようにしている。

　◆同僚の頼み事を断るときは，引き受けられない理由を分かってもらうように説明している。

②良好なコミュニケーションを図るために

　◆相手と話すときは相手の話もしっかりと聞くようにし，そのときは，うなずきながら肯定的に聞くようにしている。

　◆いつも忙しそうにしていて気の短い人には，必要なことだけを端的に話すようにしている。

　◆話し好きの人には，先に相手に話をさせてそれを聞き，その後こちらの必要なことを手短に話すようにしている。

　◆口数の少ない人には，こちらの必要なことを話す途中で，いかがでしょうかと言って相手の話を誘いながら話すようにしている。

■ 確認事項

①『ガイド3』の「事例研究①」と「事例解説」から，人間関係への対

処の基本を確認しておいてください。**「人の嫌がることは絶対にしない」**ということです。特に，このジェームズ・アレンの戒めの言葉は重要です。自分の心を振り返ってみるためにも。

> ＊『ガイド３』の事例研究①で扱った「陰口」。さてあなたなら，自分の陰口を聞いたらどう対処するだろうか。「誰がそういったか，をたずねないで，いわれていることは何か，に心を用いなさい」（トマス・ア・ケンピス著『キリストにならいて』岩波文庫）は，どうだろうか。誰が言ったかよりも，何を言っていたか，そこから反省すべきことはないのか，に心を十分に働かせるべきだといっている。
>
> † 『ガイド３』でも，陰口への対処法を幾つか紹介している。これがビジネスパーソンとしての対応だろう。

② 『ガイド３』の「要点整理」＜人間関係への対処について，一応，理解している＞から，**「他者を慮る心」**を確認してください。人の感情への配慮の重要性等を解説しています。

> ＊デール・カーネギーは語る。「およそ人を扱う場合には，相手を論理の動物だと思ってはならない。相手は感情の動物であり，しかも偏見に満ち，自尊心と虚栄心によって行動することをよく心得ておかなければならない」（D・カーネギー著／山口博訳『人を動かす［新装版］』創元社）と。人はほんのちょっとしたことで感情を害してしまう。その結果，収拾がつかなくなってしまうことも多い。だからこそ，まずは感情への配慮というわけだ。

③ 『ガイド３』の「要点整理」＜出題の視点＞から，その出題傾向を確認してください。①態度と人間関係，②心と人間関係，について具体的な事例を挙げ解説しています。３級のバリエーションとして出題される場合もありますので，その基本は確実に押さえておいてください。

④ 『ガイド３』のコラム「優れた人間性こそが，よい人間関係をつくる」（p.96）を再読してください。このコラムは**比田井和孝さん**と**比田井美恵さん**の**『私が一番受けたいココロの授業』（ゴマ書房）**からのものです。なお，ここでの引用はＴＤＬキャストの事例ですが，他にも「人間関係への対処」の事例が数多く収録されています。

> ＊比田井さんには，講演編『私が一番受けたいココロの授業』（ごま書房新社）もある。

2 人間関係の心理について, 基礎的な知識がある

　誤解やトラブル, 好き嫌いの感情などは, 全て人間関係の中で起こります。これでは, チームワークも取れないし, 仕事もはかどらないでしょう。だからこそ, ビジネスの場でも「人間関係の心理について, 基礎的な知識」が必要になってくるのです。

　では, その知識とは何か。人の心理を理解し, よりよいコミュニケーションを図っていくための心得(ナレッジ)です。

　次にその事例を検討してみましょう。人間関係の心理を理解するための心得です。基礎知識です。

事例研究② 人間関係の心理について, 基礎的な知識がある　　case study

　人事部の風間新平は, カルチャーセンターのコミュニケーション講座で, 「人の心理を理解するということは, コミュニケーションを図る上でとても大切なことだ。だが, そのためには決して忘れてはいけない心得がある」と言われた。次は, そのとき, 風間が考えた「人の心理を理解する上での心得」である。中から<u>不適当</u>と思われるものを一つ選びなさい。

(1)　ちょっとした言葉遣いやしぐさ, 態度でその人の性格を判断しないようにしよう。

(2)　人間関係は, 相手の性格によって大きく左右されるが, まずはその性格を尊重しながら対応していこう。

(3)　人の心理や性格をとやかく言う前に, まずは自分の態度などに問題がないかどうかを考えて行動していくようにしよう。

(4)　人を理解するのに一番分かりやすいのは心理学に示されている性格判断だから, まずはこれに基づいて対応していくことにしよう。

(5)　人の心理を理解することは, そうたやすいことではないので, まずは, 相手のあるがままの態度を受け入れることから始めることにしよう。

事例解説　　instructions

不適当な**選択肢は(4)**になりますが, いかがでしょうか。

　もちろん，心理学等に示されている性格論は参考になるでしょう。でも，まずここで大切なことは，示された性格傾向にこだわることなくフレキシブルに相手と対応することでしょう。そのケースが，**選択肢(1)(2)(5)**になります。**一対一で謙虚**に人を見ています。

　なお**選択肢(3)**は，前項「人間関係への対処」を「人間関係の心理」の視点から出題されたものですが，さてどうでしょうか。ここでも人に対する謙虚な態度（姿勢）が見られるのではないでしょうか。そう，これも対人心理を理解する上での心得です。

　ではここから何が分かるのでしょうか。人の性格を軽々に決め付けたりしない，先入観で人を見たりしない，そして一対一でしっかりと向き合い理解するということに尽きるでしょう。これがビジネス実務マナーです。

　　　＊仮に相手の性格が分かったとしても思い通りになるとは限らない。だからこそ，自分を知り，自分がフレキシブルに対応していくことが必要だということだ。

　　　＊心理学の性格論は，人の心を理解する手立てであって，これによって人を判断するものではないということ（あくまでも一般的な性格傾向を示しているだけ）。一人一人の心はそうはいかない。

要点整理　　　　　　　　　　　　　　　　　　　　　　　the main point

■　**人間関係の心理について，基礎的な知識がある**

1 人を理解するということ

　偏見や先入観を持たずに，思いやりをもって謙虚に対応していくことでしょう。ドラッカーの言う**「人間の心への信奉」**（『すでに起こった未来』）です。そしてこれは，全ての人間関係の根底にあるものでしょう。**つかこうへいさん**（劇作家）は，娘にこう語ります。**「その人を信じなければ、その人の心の真の温かさに触れることはできないのです」**（『娘に語る祖国』光文社文庫）と。そうなのです，このリスペクトが人を理解するための出発点（心得）です。

　そして，このことを読書に例えて言っている人がいます。ISIS編集学校の校長，松岡正剛さんです。

　　読書するにあたっては、書物に対してリスペクト（敬意）をもつことも必要です。馬鹿にしてものごとを見たら、どんなものでも「薬」

にも「毒」にもならない。風景でも歴史でも、柔道でも野球でも、ポップスでもファッションでも、当初のリスペクトがないかぎり、最初からつまらないものにしか見えません。

（松岡正剛著『多読術』ちくまプリマー新書）

２ 人は一人一人違うということ

　私たちは性格や考え方，価値観などの違う人に出会うと，つい，心に壁をつくってしまうことがあります。「嫌だなあ」という感情です。でも，これで良好な人間関係は築けないでしょう。何より 知 性（インテリジェンス）が感じられません。「知性とは，自分と別の資質の人間，自分と別の価値観の人間までも許容」（樋口裕一著『音楽で人は輝く』集英社新書）することにあるからです。

　人の心は多様である。このことへの深い理解（リスペクト）が，その相手のよさや才能に気付くことにもなるでしょう。そして今後の仕事に好影響を及ぼしていくことにもつながっていきます。これもとても大切な心得でしょう。

　こんな例があります。

> 　インタヴュアーはそのインタヴューする相手の中に人並みはずれて崇高な何か，鋭敏な何か，温かい何かをさぐりあてる努力をするべきなのだ。どんなに細かい点であってもかまわない。人間一人ひとりの中には必ずその人となりの中心をなす点があるはずなのだ。
> （村上春樹「タクシーに乗った男」『回転木馬のデット・ヒート』所収，講談社文庫）

　いかがでしょうか。最初にリスペクトがあり，その心をもって他者を見る。これは「相手の立場から物事を眺め，相手が見ている世界を見る」（スティーブン・R・コヴィー，ジェームス・J・スキナー著／川西茂訳『７つの習慣』キング・ベアー出版）ということです。すると，相手を理解するための扉も開いてくるでしょう。

　　　＊このインタビューの好例として，『小沢征爾さんと、音楽について話をする』（新潮社）がある。ここで村上春樹さんは，「崇高な何か、鋭敏な何か、温かい何か」が「ひしひしと理解できる」ための心の在り方を述べている。
　　　＊『心に沁みる心理学』（吉田章宏編著，川島書店）では，臨床心理学の実際例から「相手の立場（世界）に立つ」ことの重要性を説いている。

とても大切なスタンスだ。

　　　†自分の価値観（自分の都合）だけで，物事を見ないということ。

3 急がないということ

　そして，人を理解する上で最も大切な心得がもう一つあります。サント・ブーヴの言葉です。**「人間をよく理解する方法は、たった一つしかない。それは、彼等を判断するのに決して急がない事だ」**（サント・ブーヴ著／小林秀雄訳「我が毒」『小林秀雄全集12我が毒』所収，新潮社）と。

　　　＊サント・ブーヴは，19世紀フランスの文芸評論家。近代批評の父ともいわれている。

　決して急がずに，人の心を知る努力をする。これはとても大切なことです。上っ面だけ見て，分かったふりをしないということです。

　ところでこんな例があります。名探偵シャーロック・ホームズが友人ワトソン博士に言った言葉です。

> **「仕事が順調になるまで、ぼくが最初は顧客の獲得にどれだけ苦労したか、そしてどんなに長いこと辛抱しなければならなかったか、きみにはほとんど理解できないだろう」**
>
> **（諸兄邦香著『シャーロック・ホームズからの言葉』研究社）**

　いかがでしょうか。ホームズの華々しい活躍だけを見ていると，いくらワトソン君でもホームズの下積み時代は想像できないでしょう。もちろん，話を聞けば分かるでしょうが，それでも当時のホームズの心境，辛さを理解するまでには時間もかかり，難しいことなのかもしれません。

　でも，リスペクトの心で，そして**相手の立場から物事を考えていく**。すると，いつかは理解することもできるでしょう。そしてこのとき大切なこと。それは「分かったふりをしない」ということです。

　　　＊吉本隆明さんは「人を見るときは、過去における人間関係や現在置かれている状況など、多角的な視点で見なくてはいけないと思います」（『真贋』講談社インターナショナル）と語る。人を多角的な視点で見るということは，時間もかかる。そのための努力も必要だということだ。ラ・ロシュフコーも言う。「よく調べもせずに、簡単に悪と決めてかかるのは、傲慢と怠惰のせいである」（『人生の智恵』角川文庫）と。

　　　†ラ・ロシュフコーは，17世紀フランスのモラリスト。

　　　＊「人が何を読んでいるかはわかっても、人がどのように読んでいるかはわからない」（『多読術』）のだ。このことが分かるだけでも謙虚な心になる。そしてこの謙虚さこそが他者理解への第一歩になるだろう。

■ 出題の視点

　検定問題では事例研究②に見られるように，人間関係の心理について，その基本が出題されています。改めてその内容を，事例研究②とその解説，要点整理から確認しておいてください。

■ 確認事項

①本項「(1)－②人間関係の心理について，基礎的な知識がある」と，「(1)－①人間関係への対処について，理解がある」，「(3)－①話し方の成立要件が理解でき，人間関係への結び付きが分かる」，の三つは，本章「対人関係」の要です。総合問題として出題される場合もありますので，一連のものとして確認しておいてください。

　　　　*それぞれは，切り離すことのできない密接な関係にあるということ。

②本書第Ⅰ章のコラム「人柄とビジネス実務マナー」を再読し，その後で次のコラム「誠実であれ，正直であれ，そして愚直であれ」を検討してください。そしてここから，人柄のよさが，よい人間関係をつくる要であることを実感してください。

　　　　*前項でも確認したが，『ガイド3』のコラム「優れた人間性こそが，よい人間関係をつくる」（p.96）とサジェスチョン「仕事は人間性でするもの」（p.101）も併せて再読のこと。「優れた人間性」とは，「誠実な人柄」であるということが紹介されている。

Column

誠実であれ，正直であれ，そして愚直であれ

口さがない世間の人々

『レ・ミゼラブル』の中の話です。

ミリエル司教に出会って改心したジャン・ヴァルジャンは，とある小さな町にやってきました。ここで彼は，事業を興し大きな成功を収めます。

でもこの町の人々，どうも「口善悪ない」らしく，「いったいどこからやってきた奴かわかりもしない」と，陰口をたたきます。

そしてこれは，商売が順調になってからでも同じこと。「金もうけをたくらんでる豪気な男だな」と，うわさ話に花を咲かせます。だが，話はまだまだ終わらない。全くの善意から町の病院にベッドを寄付したり，学校を建てたりしても，今度は「ははぁ野心家だな」としたり顔で話し，揚げ句の果てに「つまり彼は一種の山師だ」と言い出す始末。

いかがでしょうか。この限りを尽くして悪口雑言の数々。これで人間関係は築けないでしょう。何せ，勝手な思い込みでジャン・ヴァルジャンの人となりを裁いている（決め付けている）のですから。

いやはや小さな町のこととはいえ，何をかいわんや，です。

ちなみに，このジャン・ヴァルジャン，「正直な人たれ！」ということを大切にし，従業員に対しても，このことだけを求めていました。

　　　　＊ヴィクトル・ユーゴー作／豊島与志雄訳『レ・ミゼラブル』（岩波文庫）による。なお，口さがないとは，「他人のうわさや批評を無責任・無遠慮にするさま」（『大辞泉』）のこと。

　　　　＊そういえば，六歌仙の一人であり，絶世の美女と言われた小野小町（平安時代）のことを，贅沢で傲慢な人と非難している本がある。青少年のために書かれた道徳の書『十訓抄』（鎌倉時代）である。いずれにせよ，このような人たちは，古今東西を問わず結構いるようだ。

　　　　　　†『新編日本古典文学全集51十訓抄』（小学館）

　　　　　　†ここで作者（未詳）は「驕り高ぶるな」の戒めのケースとして小町の例を挙げている。でも，だからといって，名指しするのはいかがなものか。会ったことも見たこともないはずなのに。

●

好かれる人，嫌われる人

　ところで，私たちはどのような人を好み，どのような人に嫌悪の感情を表すでしょうか。ここでそのデータを『人間関係の心理学』（齊藤勇編，誠信書房）から紹介しましょう。「アンダーソンの性格好意度研究」です。

　まず好かれる性格は，「**誠実で真面目な人，分別のある知的な人，信頼できる頼もしい人，親切で思いやりのある人，気さくでユーモアのある人**」などが挙っています。

　また嫌われる性格には，「**うそつきで信用できない人，下品で粗雑な人，利己的で欲深い人，意地悪で残虐な人，うぬぼれの強い人，不親切な人**」などがありました。さて，先ほどの町の人々はどうでしょうか。

　いずれにせよ，好かれる性格の人は，社内の人に限らず，社外の人ともよい関係をつくることができるでしょう。**人柄**です。

　　　　　＊アンダーソンの研究は，アメリカの大学生を対象に調査した
　　　　　　もの。
　　　　　＊アンダーソンよりもはるか昔に「頼りになりそうもないもの。
　　　　　　気が変わりやすく，人のことを忘れやすい（自分勝手な）人」
　　　　　　（『枕草子（中））』講談社学術文庫）と言った人がいる。そう，
　　　　　　清少納言である。

●

全ては人柄のよさに通じる

　ところで，この好かれる性格を見てみると，「**他者への優しい気遣いができる人**」のイメージが思い浮かびます。これは恐らく，相手に対して，偏見や先入観を持たずに謙虚に対処しているからでしょう。**共感**です。そして，この**人柄のよさ**があれば，まず嫌われることもないでしょう。

　アンダーソンの研究によっても分かるように，その嫌われる理由のほとんどは自分中心の態度によります。ここをきちんと理解していれば，対人心理は理解できるでしょう。嫌われる理由を知り相手の嫌がることをしないということだけです。**社会性**です。そしてこのとき大切なのは，他人の心理をうかがうのではなく，まずは自分の心と態度に目を向けることでしょう。もちろん「自惚れ鏡」は持たないで。

　　　　　＊相手の心に寄り添い，リスペクトをもって誠実に話を聞く。
　　　　　　これにより相手に対する偏見や先入観（思い込み）が消える。

すると，心から理解できる一瞬がある。そしてこの積み重ね
が大切だ。もちろん，これは他者への迎合ではない。相手の
心を見詰めることにより，新たな自分自身を知るきっかけに
もなるということだ。

　†心理学者の本明寛さんは，ビジネスパーソンに求められ
　る「態度能力」として，誠実さや協調性，共感性，責任
　感，規律性などを挙げている。そして会社も「態度」を
　能力と見なし，それを会社は評価していると語る（本明
　寛著『企業社会と態度能力』ダイヤモンド社）。なお同書
　では＜研究事例＞として，営業系や事務系，技術系など
　における態度能力とその効果等をデータとともに紹介し
　ている。

　いかがでしょうか。人間関係への理解の基本。それは「人を裁くな」（『聖
書 新共同訳』）と「人を信じる」ことに尽きるでしょう。特に，信じるこ
とは大切です。なぜなら「友を疑うのは友に欺かれるよりも恥ずかしい
こと」（ラ・ロシュフコー著／二宮フサ訳『ラ・ロシュフコー箴言集』
岩波文庫）だからです。もちろん，その根幹にあるのは「愚直なまでの，正
直な心と誠実な心」でしょう。

　＊シェイクスピアの『オセロー』では，「信じる」ことができな
　かったが故の不幸（悲劇）が描かれている。特に「恐ろしい
　のは嫉妬です」と。
　　†シェイクスピア作／福田恆存訳「オセロー」『新潮世界文
　　学ⅠシェイクスピアⅠ』所収（新潮社）による。

② マナー

① ビジネス実務としてのマナーを活用できる。
② ビジネス実務に携わる者としての服装について，基礎的な知識がある。

1 ビジネス実務としてのマナーを活用できる

ビジネスマナーとは，相手への気遣い心遣いが形に表れたもの。そして，これがきちんと実践できたとき，初めてマナーが活用できたといいます。

ではその実践例を，名刺交換の場面から検討してみましょう。「マナーは心であると同時に形である」ことのケーススタディーです。

事例研究① ビジネス実務としてのマナーを活用できる　case study

営業課の高林健吾は新人の杉浦を連れて得意先を訪問することになった。次はこのとき，高林が，名刺交換の仕方について杉浦に指導したことである。中から不適当と思われるものを一つ選びなさい。

(1)　名刺はこちらが先に渡せるように，あらかじめ名刺入れから出して書類に挟んでおくこと。
(2)　渡すときは，直立姿勢ではなく上体を前に傾けて，「杉浦と申します。よろしくお願いいたします」と言うこと。
(3)　自分の名刺を渡すときも相手の名刺を受け取るときも，手は胸の高さですること。
(4)　相手が先に名刺を出したら，「恐れ入ります」と言って受け取った後，「失礼しました」と言って自分の名刺を渡すこと。
(5)　もらった名刺は，相手の名前を覚えるまでテーブルに置いた名刺入れの上に載せておいてよいが，覚えたら名刺入れにしまうこと。

事例解説　instructions

不適当な選択肢は(1)になりますが，いかかがでしょうか。
得意先訪問だから，名刺は先に渡せるようにと心がけるのはとてもよい

ことなのですが，先に出すため書類に挟んでおくのはマナー違反。名刺は相手の目の前で名刺入れから出すのが一般的な出し方であるからです。このとき，名刺をすぐ出せるように，名刺入れから出して，名刺入れと一緒に持っているとよいでしょう。

そして，(2)相手に敬意を表す体勢をとり，(3)丁重に名刺を渡します。(4)相手が先に名刺を出したら「恐れ入ります」と言って受け取り，すぐに「失礼しました」と言って自分の名刺を渡します。これが形と言葉，そして心が一体になったマナーです。 (5)席に着いたら，いつまでもテーブルの上に置いたりせず，名刺入れにしまいます。これが「あなたの名刺は丁寧に扱っています」というシグナルになります。

この一連の行動が，ビジネスマナーにかなった名刺交換の仕方です。

> ＊同時に名刺交換をする場合もある。このときは，①右手で名刺を差し出す（相手も同様）。②相手の名刺の高さより低くして出す（これが謙虚さの表れ。相手より高くするのは失礼になる）③相手の名刺は左手で受けて右手を添える。名刺入れを持っている場合，名刺入れを左手で持ち，名刺盆の代わりにして頂き，右手を添える。（青木テル著『ビジネスマナー』早稲田教育出版）（西出博子著『完全ビジネスマナー』河出書房新社）

要点整理　　　　　　the main point

■ ビジネス実務としてのマナーを活用できる

1 信頼される名刺交換の仕方

名刺交換は，スムーズな商取引を行うための第一歩。そして，信頼関係を築いていくための第一歩です。こんな例があります。

> 私はあるとき、60歳を過ぎても大活躍している医療ジャーナリストの先生と名刺交換させていただく機会がありました。
> 彼は名刺をしまうとき、私より先に大切に、ありがたいという気持ちを込めて、私の名刺に一礼をして、それをしまったのです。
> この姿を見たときに、こんなに社会的に成功なさっている素晴らしい方が、謙虚にかつ低姿勢で、私のような若造の名刺を取り扱ってくださったことに感動してしまいました。「さすがだな！」
> この姿を見ただけで、私は信頼し、いまも仕事の上で非常にお世話

いかがでしょうか。これが信頼を得るための名刺交換の仕方です。

言うまでもなく，名刺には名前が印刷されています。そして，名前が印刷されているということは，その**名刺は「その人の分身」であり「人格の一部」**であるということです。だからこそ，敬意を表す態勢で丁重に受け取る必要があるのです。

もちろん，渡すときも同様です。あなたの**名刺は「あなたの分身」**であり，**「あなたの社会的地位の証明」**です。だからこそ，名刺入れにきちんと収め，渡すときには，名刺入れから出して丁寧に渡していくわけです。これが信頼を得る名刺交換の仕方です。出題の意図もここにあります。

> ＊『ガイド3』（p.104）を参照のこと。元ホテルオークラの橋本保雄さんとコンサルタントの青木テルさんの事例を紹介している。

２ 人を不快にさせない

真夏の暑い日のことです。あなたは日傘を差して会社に向かって歩いています。すると，後ろから上司が「おはよう」と声をかけてきました。さて，このときあなたは，「おはようございます」とあいさつをした後，どうしますか。

ある人は，日傘を閉じ炎天下の不快さを分かち合いました。では，そのときの心情とはどのようなものだったのでしょうか。

これが惻隠（そくいん）の情というものでしょう。新渡戸稲造はこの行為を，**「他人の安楽を気遣う考え深い感情の『体現化』なのである」**と語っています。マナーの根底には，この**情緒，情感**があるということです。そして，この

情緒，情感が昇華されたもの，それがビジネス実務マナーであり，**ヒューマンスキル**ということでしょう。これが，相手を不快にさせない心にもつながっていきます。

> ＊本書第Ⅰ章のコラム「情緒，情感とビジネスマナー」を参照のこと。
> ＊この日傘を閉じる行為には，自己犠牲だけではない深い慈しみの心（優しさ）を感じる。
> ＊「高校生が読んでいる『武士道』」（角川Oneテーマ21）という本がある。ここで大森惠子さん（抄訳・解説）は，「礼儀の最高の形は，愛に近づいていくものである」と語る。これは相手の立場や感情を慮り，嫌な思いをさせない。これが惻隠の心であり，思いやりであるということだ。この体現が「愛」（優しさ）なのであろう。
> > †この大森惠子さんの著は，「開成高校の授業で読まれていた『武士道』のテキスト」である。

3 ビジネスマナーの心を知っていればこそできること

営業課の北里純一は，課長と一緒に得意先を訪問することになりました。打ち合わせをしながらタクシーで行くことにしたが，乗るとき，課長は「奥は乗り降りがきつい，君が先に乗ってくれ」と北里に言いました。さて，あなたならどのようにするでしょうか。

課長は上座のことを知っている上で，自分（北里）に言っているのだから，ここは言われた通りにするのがよいでしょう。このとき，「課長は上座と決まっている。自分が上座に座るわけにはいかない」などとかたくなになる必要はないでしょう。

では，「それなら，私は助手席に座ります」はどうでしょうか。もちろん論外です。これでは車中で打ち合わせもできないからです。

「乗り降りがきつい」ことを慮る。不快な思いをさせない。これがマナーの心です。決して，「形重視」ではないということです。

> ＊「先に乗りなさい」と言われたら，その意味を察して「それではお先に失礼します」などと言って，素早く乗ることも大切なことだ。
> > †ケースは違うが，本書第Ⅰ章−(2)−②のチェーホフの言葉も「マナーの心」を知る上で大いに参考になる。相手を気遣う心，不快にさせない配慮である。

　検定問題では事例研究①の他，次のような事例が出題されています。そのケーススタディーを確認しておいてください。ビジネスマナーの活用編です。

①**取引先の訪問**

　営業課の小倉は新任の係長と一緒に，小倉が担当している取引先E社を訪問した。係長は初めての訪問。そのときの小倉の対応の仕方

　◆E社まではタクシーで行ったが，係長には後部座席の奥に座ってもらい，自分はその隣に座った。

　◆応接コーナーで，係長がE社の担当者と初対面ということで名刺交換をしているとき，立ったままで終わるのを待った。

　◆担当者からどうぞと椅子を勧められたとき，係長が座ってから「失礼します」と言って座った。

　◆担当者から，飲み物はコーヒーとお茶のどちらがよいかと聞かれたとき，係長がお茶をと言ったので，自分もそうした。

②**応接室でのお茶の出し方**

　◆上司など内部の者が座っているようなときでも，お茶は客から先に出すこと。

　◆上位者が誰か分からない数人の客にお茶を出すときは，上座に座っている人から出すこと。

　◆麦茶などをグラスで出すときは，先にコースターをテーブルに置いてから，その上に「どうぞ」と言って置くこと。

　◆客から頂いた手土産の菓子を，その客に出すときは，客に「お持たせで恐縮でございます」などと言って出すこと。

　　　＊「お持たせ」とは，来客が持ってきた手土産のこと。「お待たせ」ではない。

　◆客の好みに合わせてコーヒーを出すときは，応対する自社の人にもコーヒーを出すこと。

③**名刺交換の仕方その1**

　新人に名刺交換の仕方を指導する

　◆渡すときは社名と部署名，名前を言い，軽くお辞儀して「よろしくお願いいたします」と言うこと。

＊自分の名刺も，相手の名刺も，名刺交換は胸の高さですること。これは，事例研究①で解説した通り。

◆相手が複数の場合は，役職の高い人から順に名刺交換をすること。

＊ところで，先方３人が応接室に入ってきたとき，誰が最上位者か見分けが付くだろうか。例えばこういう場面。「Ａがドアを開け、Ｂが入室。次いでＣが入室して，Ａがドアを閉めながら入室」してきた。さて，どうだろうか。

もちろん，最上位者は初めに入室してきたＢである。次がＣ。そして，ここでの下位者はＡになる。ホテルオークラ顧問でもある橋本保雄さんは，この入室の場面を紹介しながら，「おそらくこの順番は変わらない」（『ホテルオークラ＜橋本流＞大人のマナー』大和出版）だろうと語る。実務マナーに沿った上下関係の見分け方である。決して，見かけだけで決め付けないように。

◆場合により片手で受け取ってもよいが，そのときはすぐにもう一方の手を添えて，両手で持つようにすること。

＊名刺交換は，両手で行うのが基本。

◆受け取った名刺は，確かめてから丁寧に名刺入れにしまうこと。

◆相手が複数だった場合，受け取った名刺は，名前を覚えるまでテーブルの上に並べておいてもよい。

④**名刺交換の仕方その２**

営業課の岩木は係長のお供で得意先Ｆ社を訪問し，応接室に通された。そこへ得意先の課長，係長，担当者の３人が入ってきた。そのときの岩木の対応の仕方

◆係長が岩木を紹介してくれたので，まずＦ社の課長に，「岩木と申します。よろしくお願いいたします」と言いながら名刺を差し出した。

◆Ｆ社の課長がくれた名刺を自分の名刺入れに挟み，次にＦ社の係長に挨拶しながら自分の名刺を差し出した。

◆Ｆ社の担当者が名刺を出して待っていたので，「失礼いたしました」と言って，その名刺を受け取ってから自分の名刺を渡した。

◆係長に続いて椅子に座り，名前を覚えるまで３人の名刺を座っている順にテーブルの上に置いた。

⑤**応接室で来客と商談中，同僚に係長からの伝言メモを渡されたとき**

◆来客に，少し待ってもらいたいと言って，急いで係長の所へ行き用

件を済ませる。

> *同僚からの伝言メモには「係長が急ぎ確認したいことがある。時間はか
> からないそうだ」と書かれている。もちろん、「係長に呼ばれたので」
> などと余計なことを言う必要もない。来客には誰に呼ばれようと全く関
> 係ないからだ。

> *「取引先から，至急確認したいという電話が入っている」とのメモを受
> け取ったときも同様の対処をすること。

⑥取引先で担当者と面談中，取引先の社員に「御社から急ぎの電話が入っています」と言われたとき

◆担当者に「申し訳ない」と言って面談を中断してもらい，社員に電話の所に案内してもらう。

> *このとき，取引先の社員に「面談中なので今は無理だと伝えてもらいた
> い」とか，「自社からの電話は切ってもらい，その場で自分の携帯電話
> から連絡を入れる」などは避けた方がよい。取引先の社員に，余計なこ
> とをさせてはいけないからだ。

⑦転勤のあいさつ回りをするとき

◆アポイントメントを取らず，直接訪問してよい。

◆訪問先では，転勤のあいさつと後任者を紹介するだけでよい。

◆転勤先のことを尋ねられたら，近くにおいでのときはお立ち寄りくださいといっておくとよい。

◆担当者が不在のときは，あいさつをして後任者の名刺を預けてくればよい。

⑧取引先との会食

取引先のA氏からランチに誘われた。行きつけの店があるのだという。席に着くとA氏から，今日は自分がごちそうするので好きなものを注文してくださいと言われた。

◆A氏がごちそうしてくれるということなので，A氏お勧めのものにする。

◆食事に好き嫌いは特にないと言って，A氏は何を注文するかと尋ね，同じものにすると言う。

◆A氏が行きつけている店なので，A氏によく注文する昼食は何かを尋ね，同じものにすると言う。

◆ごちそうしてくれるのはA氏なので，この店では何がおいしいかを

A氏に尋ね，それにすると言う。

> ＊好きなものをと言われたからといって，遠慮なく選んではいけない。A氏への配慮が最初になければいけないからだ。

接待の場での飲食のマナー

◆食べるとき，何を食べようかと，箸をあちこち動かす迷い箸をしないようにすること。

◆酌をするときは，ちょうしの胴の部分を両手で持ち，杯の縁に当てないようにしてつぐこと。

> ＊酌を受けるときは，「頂戴いたします」と言って，両手で杯を差し出すこと。ビールのグラスも同じこと。

◆串物の串を取るときは，箸で身を押さえ，片手で串の端を持って抜くようにすること。

> ＊田楽も同じこと。

◆ふた付きのわんは，わんに手を添え，もう一方の手でふたを取り，内側を上にしてわんの横に置くこと。

◆尾頭付きの魚は，上身を頭の方から尾の方へと食べ，上身を食べ終わったら，中骨を外して下の身を食べること。

> ＊決して，ひっくり返してはいけない。マナーから外れた食べ方であるからだ。

確認事項

① 『ガイド3』の「事例研究①」と「事例解説」から，**基本的なビジネス実務マナーとその心**を確認してください。特にお辞儀の仕方は重要です。お辞儀がきちんとできれば，態度・振る舞い，言葉遣い，話の仕方も自ずとビジネスマナーにかなったものになるからです。名刺の交換しかりです。

② 『ガイド3』の「要点整理」＜ビジネス実務としてのマナーを心得ている＞から，①気遣いと慮る心がマナーに表れる，②ヒューマンスキルとビジネス実務マナー，を確認してください。「周囲の人を不快にさせない人間関係の技術，ヒューマンスキル」を解説しています。

③ 『ガイド3』の「要点整理」＜出題の視点＞から，その出題傾向を確認してください。①挨拶のマナー，②お辞儀のマナー，③取引先を訪問する際のマナー，④来客応対のマナー，⑤席次のマナー，について具体的

な事例を挙げ解説しています。3級の実践編（活用）として出題される
場合も多々あるので，その基本は確実に押さえておいてください。

＊エレベーターに案内するときや応接室への案内の仕方が，全く無駄のな
い合理的な動きになっている。これが体現できていれば，顧客を第一に
考えたスマートな案内の仕方ができる。これが技能である。

†「洗練されたマナー」は，そのまま会社の文化度の高さになって表
れてくる。だからこそ，来客応対は心を込めてスマートに，という
わけだ。

＊席次については，記述形式で出題される場合もある。座席の順序は確認
しておくこと。

④『ガイド3』のコラム「マナーの原点」を再読してください。マナー講師，
西出博子さんのオックスフォード留学の話や礼儀正しいビジネスパーソ
ンが働いている伊那食品工業のケースなどを紹介しています。

＊マナーの原点は挨拶にある。ちなみに挨拶の「挨」とは心を込めて語り
掛けること。挨拶の「拶」とは，その語りかけに対して，心から共感
して応じること。かつてはこれを「一挨一拶」と言っていたそうだ。
漢字（言葉）には意味がある。これを深く理解して，初めて挨拶がで
きる。ビジネス実務としてのマナーを活用（体現）できる。

†一挨一拶は，佐橋法龍著『禅語小辞典』（春秋社）による。

Column

マナーの目的は，周囲の人に不快な思いをさせないことにある

いたわりの心とマナー

日本の文化は「**いたわりの文化**」。そう語るのは言語学者の芳賀綏さん。それが，気働きや気配り，心遣い，たしなみ（慎み）などの言葉に表れていると言うのです。相手に不快な思いをさせない「**いたわりの心**」です（**芳賀綏著『日本人らしさの構造』大修館書店**）。

そしてこの文化は，**美徳**としてわたしたちの心に根付いています。改めて，このいたわりの文化と真摯に向き合い，その心を深めてください。**マナー・ルネサンス**です。

　　　　　＊形だけのマナーで終わらないためにも，その心を感じて実践
　　　　　　することが大切。「特に年配の方や、人と多く接している職業
　　　　　　につかれている方、そして一流と呼ばれる方は、心のこもっ
　　　　　　ている挨拶か、儀礼的な挨拶か、瞬時にわかってしまう」（『ご
　　　　　　挨拶の法則』あさ出版）からである。
　　　　　＊もちろん、「形」をないがしろにしてはいけない。形（作法）
　　　　　　は本来，人間関係を配慮して出来上がった伝統文化（英知の
　　　　　　結集）でもあるからだ。「江戸しぐさ」はその代表例。

2 ビジネス実務に携わる者としての服装について，基礎的な知識がある

　ビジネスの場にふさわしい服装を選ぶ。これが服装についての基礎的な知識になるでしょう。顧客のことを配慮し，また，社内の雰囲気を考えながら選んでいくというわけです。ビジネス社会は，服装で個性を主張するような場ではないのですから，なおさらでしょう。

　では，どのような基準で選んでいけばよいでしょうか。次の事例から，検討してみましょう。

事例研究②　ビジネス実務に携わる者としての服装について，基礎的な知識がある　**case study**

　営業１課の田村隆が昼食を終えて戻ると，隣の席の新人佐藤が若者向けのファッション雑誌を見ていた。佐藤は田村に「ビジネスの場ではどのような服装がよいか」と聞いてきた。次はそれに対して田村が答えたことである。中から<u>不適当</u>と思われるものを一つ選びなさい。

(1)　髪形や靴など，身だしなみも含めて清潔感のある服装を心がけるのがよい。

(2)　流行の形や色を取り入れるのもよいが，あまり目立つものは避けた方がよい。

(3)　自分の好みで選ぶにしても，周りに好感を持ってもらえるようなきちんとした感じの服装がよい。

(4)　営業は外見で判断されることが多いので，相手に信用してもらえるように，なるべく高級感のあるものがよい。

(5)　服装で個性を主張するような場ではないのだから，先輩の格好を手本にして，職場の雰囲気に合った服装にするのがよい。

事例解説　　　　　　　　　　　　　　　　　　　　　　　**instructions**

　不適当な選択肢は(4)になりますが，いかがでしょうか。

　高級感覚とは，普通に比べて程度が高い感じのこと。営業でしかも新人なら，相手に対しても社会に対しても，慎ましく謙虚に振る舞うことが基本になるでしょう。ましてや高級感のある服装は，信用してもらえるどころか生意気な感じを与えかねないので，不適当というわけです。そう，服

装は顧客のことを考えながら，また周囲の人との調和を図りながら選んで
いかなければならないのです。

　　　＊新人は「高価なブランドでなくても量販店のスーツでいいのです」と言
　　　うのは，京都祇園の芸妓置屋「岩崎」の女将である（『ガイド3』p.121）。

要点整理　　　　　　　　　　　　　　　　　　the main point

■ ビジネス実務に携わる者としての服装について，基礎的な知識がある

1 服装を選ぶということ

　顧客のことを配慮し，また周囲の服装とのバランスを取りながら，選
んでいくことが基本です。なぜなら，ビジネスパーソンは，他とコミュニ
ケーションを図りながら仕事を進めていく必要があるからです。一人だけ
個性的な服装で浮き上がっても損なだけです。その好アドバイスが，**選択
肢(1)(2)(3)(5)**です。そう，服装一つで，信用もされ，対人関係(コミュ
ニケーション)を良好なものにしていきます。出題の意図もここにありま
す。

2 服装と第一印象

　「衣服は身の表なり」と言ったのは，江戸時代の儒学者貝原益軒。では
「身の表」とは何か。「威儀を示すもの」という意味。今でいう**ビジネスマ
ンとして信用される服装**ということでしょう。

　いずれにせよ，人は，相手の人となりを見極めるとき，まず服装を見ま
す。これ以外に手掛かりはないからです。だからこそ，まずは衣服を整え
なさいと言っているわけです。

　　　＊「衣服は身の表なり」は，「五常訓」『日本思想体系34 貝原益軒 室鳩巣』
　　　所収（岩波書店）からのもの。原文は漢字片仮名文で書かれている。ま
　　　たここでは，「立場や年齢，場所，時などに応じて服を選びなさい」と
　　　もある。

　ではここで，第一印象と服装の関係について，よく引き合いに出される
心理学の実験を見てみましょう。

　　電話ボックスの棚に硬貨をすぐ見えるように置いておき、その中に
　誰か人が入ったら2分後にドアをたたき、
　　「ここにお金を置き忘れたんですが、ありませんでしたか？」

と、きちんとした服装の人とみすぼらしい格好の人の２人が、それ
ぞれ別の電話ボックスで聞いたところ、きちんとした服装の人のほう
がみすぼらしい格好をした人よりもお金を返してもらえる確率が高
かったのです。

　つまり、きちんとした服装をしていたほうが人によい印象を与える
ため、他者の対応も良くなる、という結果になったのです。

（松本聡子著『あなたは人にどう見られているか』文春新書）

　これが，『ガイド３』第Ⅰ章(1)－③「身だしなみ」の項で紹介したスレッ
ド効果（p.24）。第一印象はきちんとした服装からというわけです。

3 服装を整えることの意味

　相手に敬意を払う。これが服装を整えるということです。こんなケース
があります。紹介しましょう。

　服装が人を作ることはない。たしかにそうだが、服装はときには君
に代ってものを言う。たとえば、つぎの情景を思い浮かべて欲しい。
君はある人の家へ夕食に招かれた。女主人は一日がかりで特別の用意
をした。銀器やクリスタルを並べて、念入りにテーブルを調えた。
主人も女主人も最高にめかしこんで君を戸口に迎える。君はよれよれ
のジーンズにくたびれたＴシャツを着ている。女主人はがっかりする
だろう。一日の苦労を思うと、馬鹿にされたような気がするかもしれ
ない。人の家に夕食に招かれたら、「ふだん着で」と言われないかぎ
り、少なくとも上着を着ていくように（できれば上着を着て、ネクタ
イをしめたほうがいい）。そのほうが安全だろう（めかしすぎだと思っ
たら、上着とネクタイはいつでもとれる）。それにある意味では女主
人へのお世辞になる。君の服装は、君が彼らの招待と、氏自分を喜ば
すための努力に感謝していることを彼らに伝えるからである。人は見
るからに清潔で、服装が立派で、身だしなみのいい人との交際を楽し
む。

（キングスレイ・ウォード著／城山三郎訳『ビジネスマンの父より息
子への30通の手紙』新潮文庫）

　いかがですか。これが礼です。そして礼の始まりは，**「心に慎みがあっ
て，人を敬うこと」**にあります。そしてこの心が根っこにあれば，相手を

不快にさせることもないでしょう。

4 世間体（普通）を超えて

　きちんとした服装をする。もちろん，それに越したことはないでしょう。この方が世間体もよいし，誤解もされずに済むからです。何より，分かりやすい。

　でも，あなたが見る側に立ったとき，服装だけで人を判断するのはやめた方がいいでしょう。ただ服装に無頓着なだけの人もいます。「私はこれでいい」と思っている人もいます。人の事情はさまざまなのです。だからこそ，服装に対する世間の目を超えたところで対等に接していかなければならないでしょう。同じビジネスパーソンとして。そして，これが人間関係のベストなマナーです。

　　＊19世紀イギリスの歴史家トーマス・カーライルは，「確かに，私たちは衣服を見て人を判断する。でも，本当は衣服のことなど気にせずに，その人のよさを見ることが必要だ」。このようなことを言っている（石田憲次訳『衣服哲学』岩波文庫）。ある意味，とても難しいことだが，これを実践していかなければコミュニケーションすら取れないだろう。

　　†前節②「人間関係の心理について，基礎的な知識がある」から，村上春樹さんの「タクシーに乗った男」を参照のこと。「崇高な何か、鋭敏な何か、温かい何かをさぐりあてる努力をするべきだ」とある。そしてこれは，カーライルの言葉と全く同じだ。

　　＊そしてこれは，服装だけに限らない。例えば，あなたの目の前に強面の担当者が現れたとしよう。さて，あなたの心はどう反応するだろうか。うつむいてしまいますか。それとも後ずさりしますか。でも，「人の心を顔つきから読みとる術はない」（シェイクスピア作／木下順二訳『マクベス』岩波文庫）のです。外見に惑わされることのないように対応していく必要がある。目的は見た目の判断で人を決め付けることではない。これからのその人とのつながりを築いていくことにあるからだ。

　　†「外観というものは，すべてひどい偽りかもしれぬ。そして、世間という奴は、いつも虚飾に欺かれる」（シェイクスピア作／中野好夫訳『ヴェニスの商人』岩波文庫）という言葉もある。

出題の視点

　検定問題では，事例研究②に見られるように，服装に関する基礎知識を中心に出題されています。このことを押さえておけば，検定問題には十分対応できるでしょう。

＊第Ⅰ章(1)−③身だしなみの心得を確認しておくこと。服装を含めた身だしなみの基本を解説している。そして，ここでも身だしなみが問われることがある。服装は，身だしなみを整える意味で，大きな役割を果たすからだ。

確認事項

① 『ガイド3』の「事例研究②」と「事例解説」から，**ビジネスの場におけるスーツの重要な役割**を確認してください。上下そろいのスーツは，顧客への配慮と敬意を表す証しであることなどが解説されています。

② 『ガイド3』の「要点整理」＜ビジネス実務に携わる者としての服装について，一応の知識がある＞から，①礼儀正しさを着る，②きちんとした服装は，真摯で誠実な態度の表れ，を確認してください。

③ 『ガイド3』の「要点整理」＜出題の視点＞から，その出題傾向を確認してください。①服装と第一印象，②休日出勤での服装，③新人研修での服装，について具体的な事例を挙げ解説しています。3級のバリエーションとして出題される場合もあるので，その基本は確実に押さえておいてください。

> ＊ワイシャツの着方も大切。「襟は後ろから見たときに，上着の襟から少し出ている方がよい。また，袖口は真っすぐ立ったとき，上着の袖口から少し出ているのがよい」などを解説している。第一印象のよさは，このようなところからも分かる。
>> †そういえば，太宰治の「おしゃれ童子」『太宰治全集3』所収（ちくま文庫）にも，これと同じようなくだりがあった。「シャツが着物の袖口（そでぐち）から，一寸（いっすん）ばかり覗（のぞ）き出て，シャツの白さが眼にしみて，いかにも自身が天使のように純潔に思われ，ひとり，うっとり心酔してしまうのでした」と。清潔感の演出である。

④ 『ガイド3』のコラム「ビジネスマンであることの意思表示②」を再読してください。**「仕事におけるファッションでもっとも重要なのは、相手へのリスペクトを表しているかどうかだと思う」**（**『無趣味のすすめ』幻冬舎**）と言う，村上龍さんの言葉を紹介しています。

Column

全てが一流の対応

ビジネスパーソンの鑑

　西出博子さんがすてきなビジネスパーソンを紹介しています。まずはその話を聞いてみましょう。

　「NOと言わない接客」、アメリカのデパート、ノードストロームでのお話です。

　ある日のこと。みすぼらしい服を着た女性が一人入って来たそうです。そして、よりによって、このデパートで一番高価な製品を扱っていそうな女性服コーナーに入っていきました。これを貧民保護官の男が、たまたま見ていました。

　「さては盗むつもりだな？」

　オフだったのですが、男は職業意識から、この女性のあとをこっそり尾行します。

　そして女性が高級女性服のコーナーに入りました。店員さんが近づいてきます。

　追い返すだろうな……そんなふうに保護官が思っていると、意外や意外、店員さんは優しい声でこう言ったのです。「何かお探しでいらっしゃいますか？」

　一瞬きょとんとした彼女、慌ててこう言います。「イブニングドレスが欲しいんです」。すると、「かしこまりました」、と店員さんは、彼女の好みの色やサイズを聞き、美しいドレスを1着持ってきました。「これなどは、よくお似合だと思いますよ」、「ありがとうございます。自分に合うかどうかをみて、またあとで来ます。とっておいてくださいますか？」。

　「もちろんですよ、お客さま！」

　彼女は、それはそれは嬉しそうな笑顔でデパートから出て行ったそうです。その後、二度と戻ってはきませんでした。

　一部始終を見ていた貧民保護官は、店員に聞きました。

　「失礼ですが、さっき起こったことが私には理解できません。あなたは本当に、あの女性がこの売場にあるような服を買うとでも思ったのですか？」

すると、店員はこう言いました。

　「私の仕事は、誰がデパートの顧客なのかを判断することではありません。デパートを訪れたお客さんに親切に対応することが、私の仕事なのです」と。

（西出博子著『オックスフォード流「儲かる」ビジネスマナー術』ＰＨＰ研究所）

　みすぼらしい服装の人を見たら不審に思う。これ世間一般の態度でしょう。そう，保護官のように。でも，このスタッフは違いました。表情は優しく，言葉遣いも丁寧。そして**「私の仕事は、誰がデパートの顧客なのかを判断することではありません。デパートを訪れたお客さんに親切に対応することが、私の仕事なのです」**と語る彼女の言葉は，強く心に残ります。これは本当にすごい。本物のマナーに裏打ちされた一流のビジネスパーソンです。

　だからこそ，来店客も**「それはそれは嬉しそうな笑顔でデパートから出て行った」**のでしょう。

③ 話し方

- ① 話し方の成立要件が理解でき，人間関係への結び付きが分かる。
- ② 一般的な敬語が使える。
- ③ 目的に応じた話し方ができる。

1 話し方の成立要件が理解でき，人間関係への結び付きが分かる

　話し方を成り立たせるための必要な条件。それは，話す目的と話す内容をはっきりさせて話すことです。「何を言いたいのかよく分からない」などと言われないためにも，このことはとても大切なことでしょう。

　もちろんそのためには，聞き手の立場になって分かりやすい言葉で話していかなくてはなりません。そしてこれができれば，「何と感じのいい話し方なのだろう」と評価されます。良好な人間関係を築く第一歩にもなるでしょう。これが，「話し方の成立要件が理解でき，人間関係への結び付きが分かる」ことで，コミュニケーションの基礎になるということです。

　では，このことについて，具体的に検討してみましょう。

事例研究① 話し方の成立要件が理解でき，人間関係への結び付きが分かる case study

　営業部の山下真二は，新人から「どのような話し方をすれば，良好な人間関係をつくることができるのか」と尋ねられた。次はそのとき，山下がアドバイスした内容である。中から<u>不適当</u>と思われる対応を一つ選びなさい。

(1)　話し手は，聞き手が何を期待しているのかを見極めながら話を進めていかなければならない。

(2)　何気ない一言が，とんでもない結果をもたらすということをよく考えておかなければならない。

(3)　言葉の意味は，人によってさまざまな解釈があるということをきちんと理解しておかなければならない。

(4)　話し手は，聞き手がどのような受け止め方をしているかを，いつでも気にかけながら話していかなければならない。

(5)　コミュニケーションを成立させるのは話す側にあるのだから，話し
手はいつでも話の中心にいて明るい雰囲気をつくっていかなければな
らない。

事例解説　　　　　　　　　　　　　　　instructions

不適当な選択肢は(5)になりますが，どうでしょうか。

コミュニケーションは，話し手と聞き手によって成立します。もっと言
えば，聞き手がいなければコミュニケーションは成り立ちません。話を聞
いて，それを受け止めてもらえなければ，どうにもならないからです。も
ちろん，明るい雰囲気をつくることはとても大切なことです。が，話し手
がいつでも話の中心にいては，コミュニケーションは成立しないでしょう。
コミュニケーションは双方向です。話は両者の間で取り交わされるので
す。そう，一方的ではない話し方，これが話し方の成立要件の一つです。

> ＊P.Fドラッカーは「コミュニケーションを成立させるのは受け手である。
> 内容を発する者、つまりコミュニケーターではない。彼は発するだけで
> ある。聞く者がいなければ、コミュニケーションは成立しない」（『仕事
> の哲学』ダイヤモンド社）と語る。

では，話を聞いて，受け止めてもらえる話し方にはどのようなものがあ
るでしょうか。まず**言葉の使い方**です。言葉はコミュニケーションの中で
大きな位置を占めます。だからこそ，人を傷つけないように，正しく言葉
の意味が伝わるように気を付けていかなければなりません。**選択肢(2)**と
(3)がそれに当たります。もちろん，そのためには**(4)**「聞き手がどのよ
うな受け止め方をしているか」に気を配らなければならないでしょう。独
り善がりで一方的な話し方にならないためにも。

そして同時に，**(1)**「相手は自分の話のどこに興味を持っているのか，
自分の話の中で，何を期待しているのか，何を知りたいのか」を察する努
力が必要です。なぜなら，これでコミュニケーションをよりよい方向に
持っていくこともできるからです。

いつでも，聞き手優先の話し方をする。これが大切ということでしょ
う。**ヒューマンスキル**です。

■ 話し方の成立要件が理解でき，人間関係への結び付きが分かる

1 話をする目的をはっきりさせる

　話す前に，これから何を話すのかをはっきりさせておく必要があります。そうでないと，「あの人は何を言いたいのだろう」とか，「あれ，今，私は何を話しているのだろう」ということにもなりかねません。

　ここはやはり，**「話す前に，『これから何のために話すのか』『何を話すのか』を考えて話すこと」**が大切でしょう。**「また、話している途中でも、いま何のために話しているのかを考えながら、その目的にそって話す必要」**（永崎一則著『魅力的女性は話し上手』三笠書房）があるでしょう。

2 配慮のある言葉遣いをする

　口の利き方にも注意が必要です。例えば，こんなケース。

　「遅くなりました。申し訳ありません」

　「駄目じゃないか。今日は重要な会議なんだよ」

　「だから，申し訳ないと謝っているじゃありませんか」

　これはもういけません。これを石黒圭さんは，この**「自己を正当化する『だから』」**は，**「その場の空気を険悪」**（『文章は接続詞で決まる』光文社新書）なものにすると言っています。

　そしてこれは，よくあるケースでしょう。言われた方は，間違いなく不快感をあらわにします。人間関係も悪化します。だからこそ言葉の一つ一つに細心の注意を払う。そういうことです。

> ＊石黒さんは，前掲書の中で「対話の基本は、共感と同調」にあるとも言っている。心しておきたい言葉である（『ガイド3』）。

3 相手に受け入れやすい話し方をする

　相手を否定せずに，肯定的に話すことです。でも，**「肯定的な話し方というのは、すべて相手が正しいと認めるのではありません。人間の傷つきやすい気持ちをかばい、相手に受け入れやすく話すことをいうのです」**。そう，**「いきなり「反対ッ」「だめじゃないの」「そんなのまちがっているわよッ」とたたきふせてはもともこもなくなって」**（『魅力的女性は話し上手』）しまうからです。これが聞き手を意識した話し方の基本でしょう。

　そして，このことを前提に，**正しく分かりやすく話していく必要があり**

ます。そのためには言葉の使い方も重要になってきます。ドラッカーはこう言っています。

> ソクラテスは「人に話しかけるには、相手の経験をよりどころにして、たとえば大工に話しかけるには、大工世界の言葉を使わなければならない」と説いている。「コミュニケーション」は、受け手の言葉や用語を使わなければ成立しない。しかもその用語は、相手の経験にもとづいたものを使わなければならない。
>
> （『マネジメント（下）』ダイヤモンド社）

これが話し手の重要な責任になるでしょう。コミュニケーション成立のために。

4 言葉は丁寧に扱うこと

言うまでもないことですが，言葉にはそれぞれ意味があります。でも，時に同じ言葉を使っても微妙に意味が違って伝わることがあります。実際問題，これはなかなか難しいことですが，場合によっては，言葉の意味を確認しながら丁寧に話を進めていく必要もあるでしょう。

＊「人間というものは、めいめい勝手な解釈を物事に下し、その物本来の目的とは、まるで見当外れのとり方をすることもありうるからね」（シェイクスピア作／中野好夫訳『ジュリアス・シーザー』岩波文庫）というせりふがある。

＊「科学上の論争はつねに言葉の意味の相違に帰着する」（オグデン＆リチャーズ著／石橋幸太郎訳『意味の意味』新泉社）という指摘がある。これでは，コミュニケーションは成り立たない。話も先に進まない。私たちも心しておかなければならないことだろう。なお，そのためというわけではないが，コミュニケーションの取り方を詳細に述べている「意味論」の本がある。Ｓ．Ｉ．ハヤカワ著の『思考と行動における言語』（岩波書店）である。

■ 出題の視点

検定問題では，事例研究①に見られるように，話し方の成立要件と人間関係を中心に出題されています。このことを押さえておけば，検定問題には十分対応できるでしょう。

■ 確認事項

① 『ガイド３』の「事例研究①」と「事例解説」から，話の仕方と人間関

係との結び付きを確認してください。不快な思いをさせる話の仕方には
どのようなケースがあるのか，どのような言い方がよいのかなどを詳し
く解説しています。

②『ガイド3』の「要点整理」＜話の仕方と人間関係との結び付きが分
かる＞から，①話の仕方と人間関係，②言葉遣いは心遣い，を確認して
ください。

  *『ガイド3』で紹介した「わたしたちは『ひとこと』がとほうもない結
  果をもたらす，ということをもっと真剣に考える必要」（『魅力的女性は
  話し上手』）があるという指摘はとても重要だ。言葉に敏感な人は「綿
  で怪我をする」（太宰治「人間失格」ちくま文庫）かもしれないからだ。
  *しゃべり過ぎにも注意が必要だ。「言葉数が少なければ，聞き流される
  ことも少ない」（木下順二訳「リチャード二世」『シェイクスピアⅢ』所収，
  講談社）からだ。

   †しゃべり過ぎた事例は，『ガイド3』のコラム「会話は言葉のキャッ
   チボール」にある。営業での失敗例である。
   †また，しゃべり過ぎると，「口の達者なものに実行力はございませ
   ん」（福田恆存訳「リチャード三世」『新潮世界文学2 シェイクスピ
   アⅡ』）と言われてしまうことがある。「口先ばっかりで，何もでき
   ないんだから」というものだ。こう言われないためにも，しゃべり
   過ぎにも注意が必要だ。

  *20世紀フランスの詩人，ポール・ヴァレリーの言葉を再確認のこと。人
  間関係がぎくしゃくするのは，すべて「人の感情」への配慮がないから
  である（『レオナルド・ダ・ヴィンチ論』菅野昭正ほか訳／筑摩叢書），
  と述べている。
  *越川禮子さんの「江戸しぐさ」の心を確認のこと。「戸締め言葉」を例
  に挙げ，紹介している。

③『ガイド3』の「要点整理」＜出題の視点＞から，その出題傾向を確認
してください。①人の話を聞くときの心がけ，②話をするときの基本的
な心がけ，について具体的な事例を挙げ解説しています。3級のバリ
エーションとして出題される場合もあるので，その基本は確実に押さえ
ておいてください。

④『ガイド3』のコラム「会話は言葉のキャッチボール」を再読してくだ
さい。「人間関係のトラブルが起こりやすくなっている」（**『リッツ・カー
ルトンで学んだ仕事でいちばん大事なこと』あさ出版**）と言う，**林田正
光さん**の言葉を紹介しています。

＊ドラッカーも「コミュニケーションがますます成立しにくくなっている」。そして，「グループ間のコミュニケーション・ギャップは広がる一方である」（『マネジメント（下）』）と指摘している。だからこそ，「話し方の成立要件が理解でき，人間関係への結び付きが分かる」ことが必要になってくるというわけだ。

2 一般的な敬語が使える

　基礎的な敬語をきちんと理解し，実際場面で確実に使える。これがビジネスパーソンの敬語力です。コミュニケーション力です。

　では，その基礎的な敬語を踏まえた実践例を検討してみましょう。

事例研究②　一般的な敬語が使える　　　　　　　　　　　　**case study**

　次の「　　」内は井上勝俊の，得意先に対する言葉遣いである。中から
不適当と思われるものを一つ選びなさい。

(1)　製品Ｘの注文は，おととい確かに自分が受けたということを
　　「製品Ｘのご注文は，一昨日確かに私が承りました」
(2)　上司に確認してから返事をするので，待ってもらえるかということを
　　「上の者に確認の上ご返事いたしますので，お待ち願えませんか」
(3)　ごめんなさい。今連絡しようとしていたということを
　　「申し訳ございません。ただ今ご連絡するところでございました」
(4)　尋ねたいことがあるが時間を取ってもらえないかということを
　　「お尋ねしたいことがございますが，お時間をお取り願えませんでしょ
　　うか」
(5)　それについて，うちの江崎から何か聞いていないかということを
　　「そちらにつきまして，私どもの江崎から何か伺っていらっしゃいませ
　　んか」

事例解説　　　　　　　　　　　　　　　　　　　　　　　**instructions**

　不適当な選択肢は(5)になりますが，いかがでしたか。

　ここで井上は「うちの江崎」と言っています。ということは，江崎は身内の者ですね。その身内の江崎に対して，得意先が聞くことを言うのに，「伺って」と謙譲表現を使うのはいけません（『ガイド３』p.135）。この場合は，尊敬語を用いて「何かお聞きになって」などという言い方になるでしょう。

　敬語には，尊敬語，謙譲語，丁寧語などがありますが，それぞれの言い表し方には違いがあります。その表現の違いを，**相手に応じて適切に使い**

分けているのが，（1）から(4)までの選択肢になります。

> ＊「おととい」を「一昨日」に，「それについて」を「そちらにつきまして」に，それぞれ言い換えている。これは，普段の言葉遣いを改まった言い方にしたものである（『ガイド3』p.139）。これで敬語とのバランスが取れるというわけである。

> ＊選択肢(2)の「お待ち願う」と選択肢(4)の「お取り願う」は，慣用的によく使われている言い方。

要点整理　　　　　　　　　　　　　　　　　the main point

▍一般的な敬語が使える

1 人間関係を配慮した言葉遣い。それが敬語

　相手の個性や立場を尊重する。認める。また，その人の経験や見識などに敬意を払う。これが言葉になったもの，それが敬語です。人間関係を配慮した言葉遣いです。そう，これがヒューマンスキルです。

　そして，その人間関係を配慮した言葉遣いとして，例えば，選択肢(1)の取引先からの注文は，「ご注文」と尊敬語を使い，その注文を受けたのは担当者ですから「私が承りました」と謙譲語を使う，などがあるわけです。

　いかがでしょうか。その意味で敬語は，それぞれの関係性を表す言葉遣いということもできるでしょう。

　そしてもう一つ，ここでは敬語と他の言葉遣いとのバランスも大切です。これによって全体の言葉遣いに格調が醸し出されるからです。「おととい」とは言わずに「一昨日」などと言うのがその一例です。出題の意図もここにあります。そしてこの格調ある言葉遣いが信頼関係を築いていく第一歩にもなります。

> ＊関係性とは，自社と取引先の関係，担当者と課長の関係，年少者と年長者の関係などのこと。これは根っこに配慮の心があって初めてできることだ。

> ＊言葉にはそれぞれ適切な使い方というものがある。例えば，「お腹が減った」と「腹が空いた」という言い方があるが，さてどうだろうか。もちろん，これはいけない。語感がよくない。「お腹は空く」ものであり，「腹は減る」ものだからだ。従って「お腹が空いた」「腹が減った」と言うべきだろう。これで，それぞれの言葉のバランスが整う。

2尊敬の「れる」「られる」の使い方

　尊敬の助動詞「れる」「られる」を付けて，「会われる」「帰られる」などとよく使います（『ガイド3』p.134）。もちろん，これはこれで構わないのですが，一方，誤解を招くこともありますので，その使い方には十分な注意が必要でしょう。

　例えば，こんな例はどうでしょうか。

「部長はゴルフにイカレル」

　「えっ，ゴルフに狂っているの。それともゴルフに行くの。どっちなの」と，これはいささか紛らわしい言い方です。ゴルフに「行く」というなら「部長は，ゴルフにお出かけになる」と，きちんと言うべきでしょう。何でもかんでも「れる」を付ければよいというわけではないのです。

　もう一つ，これはどうでしょうか。

「専務，明日の社内対抗野球大会の第一戦，投げられますか」
（関根健一著『笑う敬語術』勁草書房）

　さて，言われた専務はどう受け取るでしょうか。「うん，そうだよ。投げるよ」と，素直に返答があれば何ら問題はありません。でも専務は，**「老いたりとはいえ、ボールのひとつやふたつ投げられるわい！」**と怒ってしまいました。なぜでしょうか。**「敬語の『投げられる』を『投げることができる』という可能の意味に解釈し、そんなことはできっこないと思われたと受け取った」**からです。ここはやはり，「専務，明日の試合は，先発なさるのですね」などと言った方がよいでしょう。そして，これが「一般的な敬語を使える」ということです。

> ＊「れる」「られる」は，尊敬だけではなく，受け身や可能の助動詞として使われることもある。「投げられる」は，可能の意味に受け取られてもおかしくない語例。
> ＊また，「課長は机の中を調べられた」など，尊敬とも受け身とも取れるケースもあるので注意が必要だ。これは「お調べになった」「調べていらっしゃった」で誤解もなく，尊敬語として確実に意味が伝わる。

3謙譲語もう一つの使い方

　謙譲語とは，「○○さま（上），それでは私（下）が御社へ伺います」というように，自分側の動作などをへりくだる（謙遜する）ことによって，相手に敬意を表す言い方のことです。これは，上下の関係（自社と取引先，上司と部下など）を示す言い方といってもよいでしょう。

では，次の事例はどうでしょうか。課長が担当者の山下にこう言いました。

「山下君，その件については直接部長に伺いなさい」

さて，どうでしょうか。もちろん，これは正しい言い方です。担当者の山下が部長に聞くのですから，山下は部長に「伺う」ことになります。課長はこの上下の関係を捉えて「伺いなさい」と言っているわけです。課長が，担当者の山下にへりくだって謙譲語を使っているわけではないということです。この事例から謙譲語とは，自分の動作だけに使うものではないということが分かります。

> ＊山下は部長に対して，「お伺いしたいことがございますが」と，謙譲語を用いて対応するだろう。課長は，その山下（部下）が部長（上司）に伺う動作を捉えてこう言っているわけだ。

4 失礼な「正しい敬語」

文化審議会答申の「敬語の指針」の中にこんな事例がありました。英語に堪能な部長にフランス語もできるかどうかを尋ねているケースです。

部長は、フランス語もお出来になるんですか（お話しになれるんですか）

確かに，「敬語の形自体に問題はない」。しかし「上位者に対して，その能力を直接尋ねているという点に問題がある」と審議会は言います。なぜなら，「直接問うことは，相手の能力を測るような趣旨に取られてしまう」からです。スポーツ万能の課長に「ゴルフもお出来になるのですか」も同様のケースでしょう。

「一般的な敬語を使える」ようになるためには，このようなことにも配慮していかなければならないでしょう。誤解を招かないためにも。

> ＊では上掲の「フランス語もできるのか」は，どう言えばよいのだろうか。「敬語の指針」によると，「フランス語もお話しになりますか。」になるそうだ。「直接的な表現を避けることによって問いかけることは可能である」からだ。また「ゴルフもできるのか」は，「ゴルフもなさるのですか」と，事実を問う形にしたらどうだろうか。

出題の視点

検定問題では，事例研究②に見られるように，『ガイド3』での基礎的な敬語の知識を踏まえての出題と，敬語だけでなく言葉遣い全体を捉えての出題があります。そのポイントは実践力です。では，次の事例からその

言葉遣いを確認しておいてください。

> *尊敬語と謙譲語を混同して使っているケースが多々ある。3級同様，2級でもこれを問うことが多い。

> *以下に示してある語例を何度でも音読して確実に身に付けておくこと。これで敬語のリズム（調子）が体感でき，記述問題にも十分対応できるようになる。

一般的な敬語の使い方（語例）

上司への言葉遣い

▼きのう出した報告書は見てくれたかということを

昨日提出した報告書はお目通しいただけましたでしょうか

> *「お目通し」は，「ご覧いただけましたでしょうか」などという言い方でもよい。

▼指摘してもらった件の改善案を持ってきたので見てもらえるかということを

ご指摘いただいた件の改善案をお持ち（いた）しました。ご覧いただけますか

> *前出のアレンジで「ご覧」は，「お目通しいただけますか」としてもよい。

▼報告は以上だが，何か分からない点はないかということを

ご報告は以上で（ございま）すが，何かご不明な点はございませんでしょうか

> *「お分かりになりにくい」という言い方もある（『ガイド3』p.140）。

▼10時に約束のあったM社の稲葉さんが来た。応接室に通してあるということを

「10時にお約束のM社の稲葉様がお見えになりました。応接室にお通しいたしました。

> *「お見えになりました」は，「お見えです」に，また，「お通し」は，「ご案内いたしました」にしてもよい。

▼F社の住所を知っていたら，教えてほしいということを

F社の住所をご存じでしたら，教えていただけますか

> *「ご存じ」と「存じ上げる」については，『ガイド3』p.140を参照のこと。

▼出張は課長と一緒に行くのかということを

130

ご出張は課長とご一緒にお出かけになるのですか

> ＊この場合,「お出かけ」は「行かれるのですか」としてもよいだろう。
> 勘違いされることは,まずないからである。また,「ご出張」は「出張」
> としても構わない。

▼来週Ｒ社へ一緒に行ってもらいたいがよいかということを

来週Ｒ社へご同行いただきたいのですが,よろしいでしょうか

▼会議に行く時間になったことを知らせるときに

課長,そろそろ会議においでになる時間ですが……

得意先（取引先）への言葉遣い

▼受領書には認め印を押して,送り返してもらいたいと言うとき

受領書には認め印を押していただき,ご返送願えませんでしょうか

▼明日の10時に見積書を届けたいが,都合はどうかと言うとき

明日10時に見積書をお届けに上がりたいと存じますが,ご都合は
いかがでしょうか

▼得意先と初対面の鈴木係長を紹介するとき

こちらは,私どもの係長の鈴木でございます

> ＊対外的には「係長の鈴木」と言って紹介する。これは職位を示すための
> 言い方である。このとき,社内での呼び方である「鈴木係長」などと言
> わないこと。これでは,自社の鈴木を立てる言い方になってしまうから
> である。

▼うちの担当は誰かを知っているかということを

私どもの担当は誰か,ご存じでしょうか

▼悪いが,予算を聞いてもよいかと言うとき

恐れ入りますが,ご予算を伺ってもよろしいでしょうか

▼納品に来たが,庶務課の伊藤氏に取り次いでもらえるかと言うとき

納品にまいりましたが,庶務課の伊藤様にお取り次ぎいただけます
か

▼送られてきた書類に不明な点があるので聞きたいと言うとき

お送りいただいた書類に確認したいことがありますが,今よろしい
でしょうか

131

＊「お送りいただいた」は，「ご送付いただいた」でもよい。

＊取引先に対して「不明」などの言い方は避けること。「不明」とは，「不備な点があって分かりにくい書類（文書）だ」ということ。これは取引先の作成能力を疑っているようなものだからいけないというわけだ。

▼自分の考えだけでは決められないということを

　私の一存では決めかねますが

▼得意先の企画に提案したことで礼を言われたとき

　恐れ入ります。差し出がましいことを申し上げまして，恐縮しております

▼相手との関係上気が引けることを頼むとき

　厚かましいお願いとは存じますが，どうかお聞き届けいただけませんでしょうか

▼こちらのミスを謝るとき

　今後このようなことがないよう十二分に気を付けますので，このたびのことはご容赦いただけませんでしょうか

　　＊「ご容赦」は，「お許し願えませんでしょうか」でもよい。

社員の身内からの電話

▼「吉永の姉ですが，吉永をお願いします」と言われたとき

　吉永さんは接客中で，間もなく戻られる予定ですがお急ぎでしょうか

　　＊吉永（社員）の姉からの電話なので，「吉永さん」と敬称で呼び「戻られる」「お戻りになる」などと尊敬表現で言うこと。

　　＊「お戻りになられる」とは言わないこと（二重敬語）。また，「外しております」「戻ってまいります」ともしないこと（謙譲表現）。

確認事項

① 『ガイド3』の「事例研究②」と「事例解説」から，**基礎的な敬語の使い方**を確認してください。尊敬語，謙譲語，丁寧語それぞれの言い表し方の違いについて，その基本を解説しています。

② 『ガイド3』の「要点整理」＜基礎的な敬語を知っている＞から，①謙虚な心が言葉遣いに表れたもの。それが敬語，②尊敬語の使い方，③丁寧語の使い方，④謙譲語の使い方，⑤敬語の一覧，を確認してくださ

い。

③『ガイド3』の「要点整理」＜出題の視点＞から，その出題傾向を確認
してください。敬語の基本的な使い方（語例）として，営業訪問の場面，
電話応対の場面，来客応対の場面などを，具体的な事例を挙げ解説して
います。3級のバリエーションとして出題される場合もあるので，その
言葉遣いの基本は確実に押さえておいてください。

④『ガイド3』のコラム「敬う心は，言葉の全てに表れる」を再読してく
ださい。**「日本語は／人を敬う言葉です」（浅利慶太著『時の光の中で』
文春文庫）**と言う，エリカ・ケートさん（ソプラノ歌手）の言葉を紹介
しています。

　　　　＊また同コラムでは，芥川龍之介の『蜘蛛の糸』（ちくま文庫）も引用して
　　　　　いる。基本的な敬語の使い方がよく分かる短編である。

「させていただきます」という言葉遣い

近江商人の心

司馬遼太郎さんは「近江散歩」の中で，こんな話をしています。

日本語には、させて頂きます、というふしぎな語法がある。

この語法は上方（かみがた）から出た。ちかごろは東京弁にも入りこんで、標準語を混乱（？）させている。「それでは帰らせて頂きます」。「あすとりに来させて頂きます」。「そういうわけで、御社に受験させて頂きました」。「はい、おかげ様で、元気に暮させて頂いております」。

この語法は、浄土真宗（真宗・門徒・本願寺）の教義上から出たもので、他宗には、思想としても、言いまわしとしても無い。真宗においては、すべて阿弥陀如来―他力―によって生かしていただいている。三度の食事も、阿弥陀如来のお蔭でおいしくいただき、家族もろとも息災に過ごさせていただき、ときにはお寺で本山からの説教師の説教を聞かせていただき、途中、用があって帰らせていただき、夜は９時に寝かせていただく。この語法は、絶対他力を想定してしか成立しない。それによって「お蔭」が成立し、「お蔭」という観念があればこそ、「地下鉄で虎ノ門までゆかせて頂きました」などと言う。相手の銭で乗ったわけではない。自分の足と銭で地下鉄に乗ったのに、「頂きました」などというのは、他力への信仰が存在するためである。もっともいまは語法だけになっている。

かつての近江商人のおもしろさは、かれらが同時に近江門徒であったことである。京・大坂や江戸へ出て商いをする場合も、得意先の玄関先でつい門徒語法が出た。

「かしこまりました。それでは明日の３時に届けさせて頂きます」

というふうに。この語法は、とくに昭和になってから東京に滲透したように思える。明治文学における東京での舞台の会話には、こういう語法は一例もなさそうである。

（司馬遼太郎著『街道をゆく24』朝日新聞社）

　「近江は日本文化の発祥の地といっても過言ではないと思う」。そう語ったのは随筆家の**白洲正子さん**。そして，その文化の一つに**「三方よし」**の哲学があります。また，司馬さんの言う**「近江人の物腰がいい」**もその一つかもしれません。「お蔭」と「させていただく」という考え方が近江商人の深層にしっかりと根付いているのですから。

　　　＊「近江は日本文化の発祥の地」は，『近江山河抄』（講談社文
　　　　芸文庫）からの言葉である。

　　　＊「三方よし」とは，売り手よし，買い手よし，世間（社会）
　　　　よしということ。商売の基本であり，営業の基本でもある。
　　　　温故知新，現代のビジネスパーソンにも大いに参考になる考
　　　　え方である。「お客さまのおかげで，毎日仕事ができる」「取
　　　　引先のおかげで，仕事も順調に進んでいる」などもその一つ
　　　　だろう。

　　　＊文化審議会の「敬語の指針」では，「（お・ご）……（さ）せ
　　　　ていただく」といった敬語形式は，基本的には，自分側が行
　　　　うことを，ア）相手側又は第三者の許可を受けて行い，イ）
　　　　そのことで恩恵を受けるという事実や気持ちのある場合に使
　　　　われる。したがって，ア），イ）の条件をどの程度満たすかに
　　　　よって，「発表させていただく」など，「…（さ）せていただく」
　　　　を用いた表現には，適切な場合と，余り適切だとは言えない
　　　　場合とがある」と解説している。ただ実際には，よく使われ
　　　　ている表現なので，話すときは，過度にへりくだった印象を
　　　　相手に与えないように注意して使った方がよいだろう。「謙遜
　　　　も過ぎれば嫌味になる」こと請け合いなのだから。まずは相
　　　　手のことを気遣ってということだ。そしてこれが本当の「言
　　　　葉遣い」。

3 目的に応じた話し方ができる

どうしても断らなければならないときや顧客からの苦情を受けるときなど，そのケースに応じた話し方があります。でも，その話し方の根本にあるのは，互いに信頼関係を壊さずに，良好な人間関係の継続を図ることにあるでしょう。

では，その実際例を「断りの場面」から見てみましょう。目的（や場）に応じた話し方のケーススタディーです。

事例研究③　目的に応じた話し方ができる　　case study

広告宣伝課の金沢茜のところに，業界で金沢が世話になっているＦ氏の紹介状を持って，広告代理店の営業担当者が訪ねてきた。用件は会社の広告を扱わせてほしいということである。次は金沢が，この申し出を断ったときの言葉を五つに区切ったものである。中から不適当と思われるものを一つ選びなさい。

(1) お世話になっているＦ様のご紹介ですので，ご意向に沿いたいのはやまやまでございますが，
(2) あいにく弊社には専属の代理店がございまして，契約上，他社様とのお取り引きができません。
(3) Ｆ様のお顔を利かすことができず，大変申し訳ございません。
(4) Ｆ様には私からもおわびの電話を入れさせていただきます。
(5) わざわざお越しくださいましたのに，お役に立てず誠に申し訳ございませんでした。

事例解説　　instructions

「顔が利く」という言葉があります。これは「信用や力があるために相手に対して無理が言える」（『大辞泉』）という意味です。「部長はあの店に顔が利く」などと使います。きっと部長はその店で，何かと便宜を図ってもらうことができるのでしょう。

さて，以上の説明からすると，**選択肢(3)**の「顔を利かす」という言い方はどうでしょうか。言うまでもなく，「顔を利かす」とはその人の力で

状を書いたことについて，無理を通すなどの言い方

適当ということです。無論，F氏にもそんな考えは

は，**申し出を断るための基本的なモデル**になるで

な選択肢の範囲で**十分に意を尽くした対応**をし

(1)では，紹介者F氏を立てながら，こちらの気

は，来訪者に「あいにく」と残念な気持ちを伝

んわりと断る。**選択肢(4)**では，紹介状の労を

の電話を入れるという配慮ある言葉遣い。これ

ないようにとの気遣いから。そして**選択肢(5)**

ございましたのに」と訪問への感謝の気持ちを

りませんよ」との心を伝えています。断られた

役に立てず」もいいフレーズです。

マートでビジネス的な断りの基本スタイルで

は，「断るときの起承転結」として，ぜひ押さえてお

一つだ。

択肢(2)の後に「大変（本当に）申し訳ございません」

意を表すとよい。

the main point

ビジネスでは，どうしても断らざるを得ない場面が多々あります。で
も，相手も同じ社会人。しかもビジネスで訪問しているのです。まずはこ
のことを踏まえた敬意ある対応が必要でしょう。事例研究③の選択肢(1)
(2)(4)(5)のように。

そして，ここで何より重要なこと。それは，心を込めて感じよく話して
いくことです。『ハムレット』のせりふを借りて言えば，**「思いを伴わない
言葉は，決して相手の心に届くことはない」**からです。出題の意図もここ
にあります。

＊決して，すげない断り方はしないこと。これをしてしまうと，相手は不

137

快な思いを抱いたまま帰ることになる。

＊取引のある会社に対しても，内容によっては断らざるを得ない場合がある。このようなときは，取引関係を壊さない対応が必要になってくる。

＊社内の対人関係でも同じこと。慎重な言葉遣いが望まれる。人間関係にひびを入れないためにも。

ではここで，断り方の基礎要件を，次のチェックリストから確認しておいてください。

断るための基礎要件

①相手の話に積極的に耳を傾け，断るために断るという態度や，反発的な断り方を避けていたか

②抵抗を和らげる言葉を入れて，丁重に断っていたか

③代替案を出して相手の歩み寄りを促していたか

④曖昧な言葉でなく，断りを知らせる「ノー」をはっきり分からせていたか

⑤相手を認めている態度で，丁重に断っているか

2 説得する

相手から，**積極的な協力を得るための話し方，それが説得**するときの話の仕方です。でもそのためには，クリアしなければならない幾つかの基本要件があります。それを，次のチェックリストから確認しておいてください。協力関係を築くための話し方です。

説得するための基礎要件

①人は他人から説得されたくない（命令されたくない）という心理的傾向を持っていることを意識して説得していたか

②相手に不安感を持たせないように，親近感を持たせる自己開示をしてから話したか

＊自己開示とは，まず自分のことをオープンにして話すということ。なぜなら，「心が開かれて、はじめて他を理解しうる」（白川静著『孔子伝』中公叢書）ことができるからだ。

③相手の特質や性格をよく知った上で，また，相手の得手不得手を知った上で説得していたか

④相手に対して誠実さや思いやりを感じさせる話し方であったか，リスペクトをもって対応したか

⑤相手の意見を取り入れながら，納得してもらうように説得していたか

一検定
2級
ⅰ〉
612421
766-1242-1
OE
円（10%税込）

⑥相談型の話し方で，相手の感情に逆らわないように話していたか

3 忠告する

あなたは，同僚や後輩の過ちなどに対して，一度でもきちんと忠告したことはあるでしょうか。何となく，気後れしたことはありませんでしたか。

「よかれと思って注意したが，思わぬ反感を買い，人間関係にひびが入ってしまった」。こんな経験からか，忠告することをためらう人も多いようです。

それほどに忠告は難しいのです。でも，このようなことを起こさずに忠告することはできます。それを次のチェックリストから確認してください。しこりを残さない忠告や注意の仕方です。

忠告するための基礎要件

①忠告は理性的には分かっていても，感情的には反発されるものだということをわきまえて話していたか

②どんな人に対しても人間としてのマナーを守り，誠実に忠告していたか

> ＊誰もいないところで忠告していたか，いきなりどやしつけてはいないか，他の人と比較して，相手の反発感情を招くような忠告になってはいなかったか，など。

③感情を抑えて穏やかな口調で話し，相手の心に訴える忠告をしていたか

④一つのことを忠告しているうちに，直接関係のない他のことにまで発展させるような忠告になってはいなかったか

⑤これでもか，これでもか，と追い詰めるような忠告をしてはいなかったか

> ＊例えば，「正論を振りかざして相手を打ち負かす」ような話し方はしないこと。「その場は収まっても，相手は決して納得していない」（藤田晋著『藤田晋の成長論』日経ＢＰ社）からだ。

⑥相手が引っ込みのつかないような忠告になって，開き直らせるような忠告になってはいなかったか

いかがでしょうか。これが「目的に応じた話し方」の基礎要件です。そ

してこの根幹にあるものは，**普段の行動において，周りの人から信頼される陰日なたのない生活態度**でしょう。**真摯な執務態度**でしょう。

> ＊以上のチェックリストは，永崎一則著『コミュニケート能力の学び方教え方』（早稲田教育出版）に基づいて作成したもの。なお同書には，目的に応じた話し方として，称賛（褒め方），指示（依頼），報告，説明，説得と断り方，忠告，共感させるための話し方のチェックリストが豊富にある。

■ 出題の視点

　検定問題では，事例研究③に見られるように，**「目的に応じた話し方」** を中心に出題されています。そのケーススタディーを，次により確認しておいてください。

　①**注意の仕方**

　　新人のミスを注意するときに気を付けていること

　　◆注意は，なるべく自分と二人だけのときにするようにしている。

　　◆注意するときは，話し方や言葉が感情的にならないように気を付けるようにしている。

　　◆注意するときは，何がどのように間違っているかを具体的に指摘するようにしている。

　　◆注意は注意として，どうしてそうなったかの言い分があれば，そのこともきちんと聞くようにしている。

　　◆注意するときは，人目のつかない場所を選んで周りの人に分からないようにしている。

　　新人の言葉遣いを注意するときに気を付けていること

　　◆よくない言葉を使った時は，間を空けずに注意している。

　　◆その言葉がなぜいけないのかも話すようにしている。

　　◆間違いを指摘するときは，正しい言葉遣いも教えるようにしている。

　②**説明の仕方**

　　取引先への新製品の説明

　　◆頼りない話し方だと，新製品のよさを強調することが十分にできないので，自信を持った話し方をすること。

　　◆説明している途中で質問されたら，途中であっても丁寧に答えて，納得してもらってから先に進むこと。

◆新製品の特長を，他社の製品と比較して説明するのはよいが，他社
の悪口を言うことはしないこと。

＊守らなければならない商道徳の一つ。品格が問われる場面でもある。

◆昔の製品について尋ねられ，自分には分からなかったら，分かるふ
りをしないで，後で上司に尋ねてから答えると言うこと。

◆どのような順序で話すかを前もって考えておくが，相手の理解度に
よっては途中を省略するなどして，くどくならないようにする。

◆一通り説明を終えたら，分からない箇所がないかどうかを尋ね，質
問してもらうこと。

③苦情への対応

得意先からのクレーム

◆クレームの原因がこちらの非ではないと分かっていても，まず謝る
こと。

＊腰の低い受け身の話し方をする。

◆相手から乱暴な言い方をされても，冷静さを失わないで丁寧な言い
方をすること。

◆自尊心を傷つけられるようなことを言われても，これも仕事のうち
と割り切ること。

◆クレームであっても，話には相づちなどを打って，相手が話しやす
いようにすること。

◆自分の手には負えない苦情の場合は，先輩や上司に対応を代わって
もらうこと。

製品についてのクレーム

◆どのように扱って故障したかなど，聞きにくいことでも必要なこと
はきちんと尋ねるようにすること。

◆相手の言い分が一方的なものであっても，相手が話している間は途
中で口を挟まないで聞くこと。

◆相手の誤解によるクレームのときは，相手の話を最後まで聞いてか
ら，低姿勢で丁寧に説明して理解を得るようにすること。

◆相手が早口でまくし立てるときは，謝りながら必要なことをメモ
し，メモが間に合わなかったところは後で尋ねるようにすること。

◆天候不良で配送遅れのような，原因がこちらにないような場合で

も，言い訳をしないで謝ること。

④苦情を言うときの話し方

納入業者への苦情

◆苦情を言うときは，相手にすぐ分かるように，伝票番号や品番など
を伝えてから言うこと。

◆言った苦情がこちらの勘違いであることが分かったら，申し訳な
かったと言ってきちんと謝ること。

＊取引は対等の関係で行われる。このことを決して忘れないこと。これは，
話し方の丁寧さは相手によって変えてはいけないということでもある。

◆納品の遅れに苦情を言うときは，予定の日時との違いをはっきり言
うようにし，曖昧な言い方で催促しないこと。

■ 確認事項

① 『ガイド3』の「事例研究③」と「事例解説」から，目的に応じた話し
方について確認してください。新人歓迎会での基本的な挨拶の仕方を解
説しています。

② 『ガイド3』の「要点整理」＜目的に応じた話し方について，一応，
理解している＞から，①目的や場に応じた話し方，②報告の仕方，③説
明の仕方，④依頼の仕方，⑤苦情への対応，を確認してください。それ
ぞれ基本的な考え方を解説しています。そしてこの内容は，3級のバリ
エーションとして出題される場合もあるので，その基本は確実に押さえ
ておいてください。

③ 『ガイド3』のコラムを再読してください。「優れた説明のモデル」を
紹介しています。

＊永崎一則著『確かな説明力をつける本』（PHP研究所）からのもの。

Column

話し方と人間性

心格力

　人に話を聴かせるためには、聴き手にその話が力強くひびき、信頼感をあたえるものでなければなりません。話し手の人間性からにじみでてくる心の豊かさや、人格的な力を話力の一つの要素として私は「心格力」と名づけています。心格力をつけるには、人間的な魅力をつけるように努力する必要があります。

　話には話し手自身が何らかの形で表われてきます。人は話を通して感じとったほのぼのとした人柄や、さわやかな話しぶりにひかれます。それは優しさ、誠実さ、善意、愛情、思いやりなどで代表されるものです。（中略）

　そのような人間的魅力は、その人の教養からにじみでる良識や誠実さ、そして、自分を正しくみることのできる謙虚さによるものです。それがないとなれなれしくなったり、ことばがくずれてきます。

　聴衆は話を聴きながら、プレゼンターの人間性を感じとるのです。プレゼンターの言動をはじめ、発信する情報のすべてから、聴き手も体全体でそれを受けとめ、話し手がどんな人間であるか、また、プレゼンターの所属している職場の社風などを感じとります。それによって話の重みや信頼性を瞬間的に判断するのです。

　聴衆を軽くみていれば、その傲慢さは態度や語調に表われてしまいます。たとえ内容が理路整然としたものであっても、プレゼンターの温かい人柄や誠実さを感じられない話であれば、聴衆の心にひびくものがないでしょう。また、あまりにも荒削りで粗野な話し方、品位に欠ける話し方や話材であったり、話し手の認識と相手の受けとめ方との間に差がありすぎると、聴衆の共感を得ることはできないでしょう。

（永崎一則著『話力のプレゼンテーション』ＰＨＰ研究所）

　いかがでしょうか。

　話し方は、**人柄のよさに裏付けられたヒューマンスキル**です。もちろん，話す内容を正しく伝えるための技術は必要ですが，これも**誠実さや真面目さがあってこそのもの**。そしてこれはプレゼンテーションだけでなく，話し方全般にもいえることでしょう。

④ 交際

① 慶事，弔事に関する作法と服装および式次第について，一般的な
知識を持っている。
② 一般的な交際業務について，知識がある。

1 慶事，弔事に関する作法と服装および式次第について，一般的な知識を持っている

　慶事や弔事などは，式次第（しきしだい）に従って執り行われます。この式次第は，式
のプログラムのことで，式次（しきじ）ともいわれています。そう，式次第とは，伝
統的な形式に従い滞りなく式を進めるための順序（進行）を示したものと
いえるでしょう。そして，この式次第は，それにかなった作法と服装を求
めます。何せ，慶事，弔事は公式（フォーマル）な場で営まれる儀式なのですから。

　ところで，式次第に記されている「開会の挨拶」や「社長の挨拶」「来
賓の祝辞」などには，どのような意味や意図があるでしょうか。それを次
の事例から検討してみましょう。

事例研究① 慶事,弔事に関する作法と服装および式次第について,一般的な知識を持っている case study

　**次は，慶事，弔事における式次第とその意味である。中から不適当と思
われるものを一つ選びなさい。**

(1)　入社式での「歓迎の挨拶」

　　　入社できたことへの祝いと歓迎の気持ちを新入社員へ伝えるための
　　ものだが，社会人としての心構えと自覚を促すためのものでもある。

(2)　創立記念式典での「永年勤続表彰」

　　　永年の勤続者に対する表彰だが，これは年数だけではなく，このよ
　　うな人たちのたゆみない努力，模範的な態度への敬意を表しているも
　　のである。

(3)　新年度の事業説明会での「社長の挨拶」

　　　新事業年度の方針を全社員に説明するためのものだが，スタッフの
　　一人一人がこの方針を真摯に受け止め，積極的に仕事に取り組んでほ
　　しいとの意味もある。

(4)　葬儀での「弔辞」

　　友人が故人の死を悼み，別れの言葉を告げるものだが，遺族に対しては，この悲しみから一日でも早く忘れ去ってほしいとの願いも込められているものである。

(5)　結婚披露宴での「祝辞」

　　結婚への祝いの言葉を述べるものだが，それだけではなく，気持ちを新たにし，家族のため，ひいては社会のために責任ある行動をとるようにとの願いもある。

事例解説　　　　　　　　　　　　　　　　　　　　　　instructions

　不適当な選択肢は(4)でしたが，どうでしたか。

　確かに，いつまでも悲しみとともにいることはつらいことかもしれません。でも，だからといって，遺族は故人を忘れ去ることはできないでしょう。一周忌，三回忌と供養をしながら故人のことを偲び生きていくのが遺族の本当の気持ちだからです。従ってここは，忘れ去ることを願うものではなく，遺族を励まし，「自分にできることがあれば，いつでも力になる」ということを伝えていくものでしょう。

　なお，その他の選択肢については，その背景にある心こそが大切です。**選択肢(1)**の「社会人としての自覚」を強く持ってもらいたいという先輩の願い。**選択肢(2)**の「たゆみない努力」「模範的な態度」に対する経営陣の礼譲の精神。**選択肢(3)**の事業目標に対して，積極的に取り組んでもらいたいとする社長の意思。そして**選択肢(5)**の「社会のために責任ある行動」をとってもらいたいとする祝辞者の言葉。全てそうでしょう。

　　　　＊「忘れ去る」とは，「すっかり忘れて、二度と思い出さない」(『大辞泉』)
　　　　　ということ。
　　　　＊「供養」とは，「あなたのことは，決して忘れませんよ」ということ。
　　　　　この心こそが大切。
　　　　＊「礼譲」とは，「礼儀をつくして謙虚な態度を示すこと」(『大辞林』)と
　　　　　いうこと。

■ 慶事，弔事に関する作法と服装および式次第について，一般的な知識を持っている

1 式次第の役割

　式次第というのは，いわば，開会から閉会までの進行を記したものです。そして，式次第の役割は，その進行表に従い，式を厳粛に進めていくというところにあります。

　でも，式そのものは形式だけによっているわけではありません。創立記念式典での「永年勤続表彰」には「永年勤続表彰」としての深い意味があります。それが前述した**「たゆみない努力」「模範的な態度」に対する経営陣の礼譲の精神**です。深い敬意ともに，**永年の功労を顕彰**しているわけです。出題の趣旨もここにあります。形式には形式としての意味があるということです。そして，これが**伝統**です。**社交上の儀礼**です。

　　　　＊「永年勤続の表彰，おめでとうございます」だけではないということ。

2 式次第のコンテンツ（例）

　では，ここで入社式と創立記念式典の式次第の例を紹介しておきましょう。

入社式	創立記念式典
①開会の辞	①開会の辞
②代表取締役の挨拶	②代表取締役の挨拶
③新入社員の紹介	③永年勤続者表彰
④役員の紹介	④感謝状の贈呈
⑤歓迎の言葉	⑤来賓祝辞
⑥新入社員代表の挨拶（謝辞）	⑥祝電の披露
⑦閉会の辞	⑦閉会の辞

　　　＊以上はあくまでも一般例。会社によって多少の異同がある。

　　　＊創立記念式典における「感謝状」とは，自社の発展に大きく貢献してくれた得意先や取引先に感謝と敬意を込めて贈るもの。

3 式典の服装

　入社式や創立記念式典での服装はスーツが基本です。また，管理監督職は正式なモーニングか略礼服のブラックスーツで来賓を迎えます。これが

146

礼儀です。そして，この上層部の統一された服装が式の格式を高めます。

　検定問題では，事例研究①の式次第のほか，慶事，弔事に関する一般的な知識が出題されています。それを次の事例から確認しておいてください。**相手を不快にさせないマナー**です。

　　　　＊式次第の意味が問われる場合もあるので，確認しておくこと。

①**上司に同行し，担当先K社の創立記念パーティーに出席したとき**

◆かばんやコートなどはクロークに預けるようにし，会場内には持ち込まないようにした。

◆会社からの祝儀は自分が預かっていたが，受付に行く前に上司に渡し，受付では上司から出してもらった。

　　＊受付で，上司が祝い金を出して「おめでとうございます」と挨拶したら，自分はそれに合わせてお辞儀をすること。

◆受付で来会者芳名録に記帳するとき，上司に先に書いてもらい，その次に並べて自分の名前を書いた。

◆会場に入った所でウエーターから飲み物を受け取り，それを飲みながらパーティーの開会を待った。

◆K社の営業課長がいたので，祝いの言葉と日ごろ世話になっている礼を言って上司を紹介した。

◆中締めの後，忙しそうだったのでK社の担当者には声をかけず，上司とともに受付にあいさつして帰った。

　　＊この配慮こそがビジネス実務マナー。

②**自社の創立周年記念パーティーで，受付を担当したとき**

◆受け付けるときは，一人一人に「本日はありがとうございます」と礼を言うようにした。

◆来賓の受付は別にコーナーを作り，受け付けたら，来賓席にはなるべく役職者に案内してもらうようにした。

◆コートや荷物を持ったまま会場に入ろうとしている客には，クロークの場所を案内して，預けてもらうようにした。

◆届いた祝電はある程度まとめて，差出人と電文が分かるようにした上で，受付の責任者に渡した。

◆早く帰る客のために，パーティーが始まって少ししてから，引き出物を渡せるように準備した。

③**葬儀で受付の手伝いをするとき**

◆服装は，ワイシャツは白無地にし，服，ネクタイ，靴下，靴は黒色（ダーク調）にすること。

◆お悔やみの言葉を言われたら，何も言わなくて構わないが，丁寧なお辞儀はすること。

◆会葬者から名刺を差し出されたら受け取るが，会葬者芳名録への記帳もしてもらうこと。

◆世話になっている取引先の人を受け付けるときでも，日頃の礼などは言わないこと。

◆葬式が終わりに近づき受付に会葬者が来なくなっても，余計な話はせず黙って座っていること。

＊葬式が終わりに近づき会葬者がまばらになっても，会葬者がいるうちは立っていること。

④**葬儀（仏式）での受付係の言葉遣い**

◆「ご愁傷さまでした」と言われたときは，「恐れ入ります」と言うこと。

＊丁寧にお辞儀をするだけでもよいが，「恐れ入ります」と言った方がよいだろう。これが会葬者に対する礼だからである。

◆香典を差し出されたときは，お辞儀をして丁寧に受け取り，「お預かりいたします」と言うこと。

＊「恐れ入ります」でもよい。ただし，「頂戴いたします」「ありがとうございます」などはいけない。

＊受け取った香典は，香典のまとめ役に確実に手渡すこと。

◆名刺を差し出されたときは，「お預かりいたします」と言うこと。

◆会葬者芳名録への記帳を頼むときは，「こちらにご記帳をお願いいたします」と言うこと。

◆会葬御礼を渡すときは，「ご会葬くださいましてありがとうございます」と言うこと。

⑤**上司に同行して通夜に参列したとき**

◆会社からの香典は自分が預かっていたが，受付に行く前に上司に渡し，受付では上司から出してもらう。

◆受付で，上司が会社からの香典を出して会葬者芳名録に記帳した後，
自分も記帳する。

⑥**弔事に関する用語**

◆「**社葬**」とは，会社が主催して行う葬儀のこと。

◆「**弔辞**」とは，故人の前で述べる哀悼の言葉のこと。
　　　＊哀悼とは，お悔やみのこと。

◆「**密葬**」とは，身内の人だけで内々に行う葬儀のこと。

◆「**供花**」とは，故人の霊前に花を供えること。またはその花のこと。
　　　＊供花は「くげ」（仏教語）とも読む。

◆「**会葬**」とは，葬式に参列すること。

◆「**焼香**」とは，仏前や霊前で香をたいて拝むこと。

◆「**志**」とは，香典返しや御布施の際の上書きのこと。
　　　＊御布施とは，僧侶（寺）に渡す謝礼のこと。

◆「**弔問**」とは，故人の遺族を訪ねて悔やみを述べること。

◆「**喪中**」とは，身内の者の死去に際して喪に服する期間のこと。

◆「**法要**」とは，一周忌など故人の冥福を祈るために営まれる法事の
こと。

⑦**忌み言葉**

結婚式のとき

◆「終わる，切れる，破れる，別れる，離れる，再び，たびたび」な
どの言葉は使わないこと。
　　　＊離婚を連想するものは避けること。

開店・開業のとき

◆「閉じる，つぶれる，倒れる，壊れる，枯れる，失う，赤（赤字を
連想する）」などの言葉は使わないこと。
　　　＊倒産を連想するものは避けること

創立記念日のとき

◆「倒れる，行き詰まる，衰える，傾く」などの言葉は使わないこと。
　　　＊開店・開業に同じ。倒産を連想するものは避けること

新築祝いのとき

◆「焼ける，燃える，崩れる」などの言葉は使わないこと。
　　　＊火事を連想するものは避けること。

葬儀のとき

◆「重ね重ね，返す返すも，再三，しばしば，たびたび」などの言葉は使わないこと。

確認事項

① 『ガイド3』の「事例研究①」と「事例解説」から，祝儀袋と不祝儀袋について確認しておいてください。水引の意味や上書きの書き方など，その基本を解説しています。

　　　＊不祝儀袋，祝儀袋の使い方なども再確認のこと。

② 『ガイド3』の「要点整理」＜慶事，弔事に関する作法と服装について，一般的な知識を持っている＞から，①慶事，弔事に関する作法，②慶事，弔事に関する服装，を確認してください。なお，慶事，弔事に関する服装では，男性の場合と女性の場合に分けて解説しています。

③ 『ガイド3』の「要点整理」＜出題の視点＞から，①自社の祝賀パーティーでの受付の服装，②「通夜」と「告別式」参列のマナー，③「通夜振る舞い」のマナー，④「告別式」に営業所長の代理で参列するときのマナー，を確認してください。なおこの内容は，3級のバリエーションとして出題される場合もあるので，その基本は確実に押さえておいてください。

④ 『ガイド3』のコラム「お祝い事」を再読してください。慶事のお祝い事である「長寿の祝い」を紹介しています。

　　　＊慶事（祝い事）には，長寿の祝いの他，出産祝いや快気祝い，新築祝い
　　　　創立記念式典，落成祝い，開店祝い，昇進祝い・栄転祝いなど多々ある。

Column

他人の痛みが分かる

人の悲しみを真摯に受け止める

　他人の痛みが分かるかが 紳 士 の条件である。そう語っているのが永崎
一則さんです。その話を聞いてみましょう。

　明石市役所に勤めているＴさんは、そのやさしさと真面目な姿勢がすぐ
それとわかる態度で「話力講座」を受講していました。担当していた私ど
もも、最初から注目している受講生の一人でした。

　Ｔさんがなぜ、周りの人から好感をもって迎えられるような人柄になっ
たのか、ある転機があったと話してくれました。

　数年前のこと、お父さんが亡くなりました。葬儀のあと、霊柩車に乗っ
て火葬場に行く途中でのことです。狭い道路で、向こうから大型のデラッ
クスな自家用車がきました。フロントガラスから、身なりのいい紳士が背
筋を伸ばし、きちんとした姿勢で座っているのが見えました。

　その地区は道幅が狭いので、Ｔさんが大型の車とすれ違うとき、"大丈
夫かな"と相手の車に目を向けたとたん、目に入ったのは、中の紳士が手
を合わせ、深々と頭を下げてＴさんのお父さんの柩を拝んでいる敬虔な姿
でした。たったそれだけのことでしたが、その祈りの雰囲気に、Ｔさんの
胸には強く響くものがありました。

　Ｔさんはそれ以前に「福祉課」に所属していて、市民のいろいろな生活
相談などを受けてきました。しかし、他人の悲しみや困ったことをどれほ
ど本気で受けとめてきただろうかと、真剣に考えさせられたのでした。

　Ｔさんはもともと他人から好意をもたれる天性のものをもっていたので
しょうが、このことから、本来の核にやさしさなどがプラスしたのだとい
うことでした。Ｔさんの本質的なよさに一段と磨きがかかったのであろう
と、控え目に話してくれた、いろいろな話から、Ｔさんの人となりを私は
感じたものでした。

　　　　　（永崎一則著『こころにポッと光をともす本』ＰＨＰ研究所）

　紳士の敬虔な態度から，Ｔさんは，「他人の悲しみや困ったことをど

れほど本気で受けとめてきただろうかと、真剣に考えさせられた」
と言います。でも，この気付きが人に対する真の優しさを育みました。

　そしてこの**優しさ**があれば，慶事の場であれ弔事の場であれ，人を不
快にすることもなくなるでしょう。これが**形と心が一つになった本当の
マナー**です。

　さて私たちは，果たしてどうでしょうか。一度，よく考えてみなければ
ならないかもしれませんね。**気付くことの感覚**を磨きながら。

　　　　　＊「優しさ」とは，情け深いことであり，思いやりがあるとい
　　　　　　うことである。惻隠の情である。
　　　　　　　†「五常訓」によると，惻隠は「イタミイタム」と読むそ
　　　　　　　　うだ。
　　　　　　　†「優しさ」と「惻隠の情」については，第Ⅰ章のコラム「情
　　　　　　　　感，情緒とビジネスマナー」と「人柄とビジネスマナー」
　　　　　　　　でも紹介している。

2 一般的な交際業務について, 知識がある

　ビジネスの場での交際は, 他社との取引関係を円滑に進めていくために, また, 社内での良好なコミュニケーションを図っていくために, とても重要な仕事の一つです。そしてこの交際には, パーティーへの出席や接待, 年末年始の挨拶, 社内での歓送迎会など, そのケースは多岐にわたります。

　ところで, お祝いやお礼, お見舞いなどを贈るとき, 現金の場合と品物の場合があります。さて, あなたなら, どのように考えるでしょうか。それを, 次の事例から検討してみましょう。

事例研究② 一般的な交際業務について, 知識がある　　case study

　お祝いやお礼, お見舞いなどを贈るとき, 現金では失礼になるものを, 次の中から一つ選びなさい。

(1) 退職する同僚への餞別（せんべつ）。
(2) 出張先でお世話になった人へのお礼。
(3) 得意先の記念式典に招かれてのお祝い。
(4) 火災に遭（あ）った取引先の工場へのお見舞い。
(5) 出身校の野球部の後輩たちへの陣中見舞い。

事例解説　　instructions

　現金を贈って失礼になるもの。それは選択肢(2)になります。これについては, 特に問題はなかったと思いますが, どうだったでしょうか。

　出張先で世話になったということは, 例えば, 手配, 送迎, 案内などについて相手を煩わせたことをいいます。このようなことは相手の気遣いだから, 金銭で計るようなことではない。気遣いに対する礼は, その気持ちを品物に託するのが普通で, 一般的には菓子折りなどになるでしょう。これで十分です。

　　　＊御礼の手紙は必ず添えること。もちろん, 礼状だけでもよい。

　なお, 現金を贈っても問題ないのが, 選択肢(1)餞別。(3)祝い金。(4)見舞金。(5)陣中見舞いになります。

■ 一般的な交際業務について，知識がある

1 気遣いに対するお礼

選択肢(2)での解説，**「気遣いへのお礼は，金銭で計るようなものではない」**。これはとても重要なことでしょう。でも，気遣いに対するお礼をしたい，そんなときは，その気持ちを品物に込めて贈ります。品物には，そんな役割もあるのです。いわば，**「感謝のしるし」**です。何より，感謝の気持ちを伝えることは，今後の取引関係を円滑に進めていくためにもとても大切なことでしょう。出題の意図もここにあります。

> ＊実際の場面では，出張先でお世話になったからといって，そのお礼に現金を贈ることはまずない。互いにビジネスでのことだからだ。何より，受け取った方も対処に困るだろう。だが，ここで大切なことは，相手に負担をかけない範囲でお礼をする，その心である。これが，気遣いに対する感謝の気持ちの表れになる。

2 上位者に対する礼儀

選択肢(1)に対し，「部長が定年退職するので，部員一同で餞別に現金を贈る」というケースではどうなるでしょうか。もちろん，これはいけません。なぜなら，下位者が上位者に現金を贈るのは失礼とされているからです。品物なら，「記念品」か「御礼」として贈るのがよいでしょう。これが上位者に対する礼儀です。

また，課長が家を新築した場合のお祝いも現金は不可。鉢植えの蘭か観葉植物などを贈るとよいでしょう。特に，**蘭には「整った美しさ」**が感じられ，他の花に比べて格が違うといってもよいものだからです。

> ＊選択肢(1)の場合は同僚なので，現金で構わない。

3 お返しについて

入院中に見舞いをくれた人へのお返しはどうでしょうか。これも現金ではなく，「快気祝」「全快祝」「内祝」などとして，品物で返すのが一般的です。何より，「見舞い品は大体これくらいの値段だろうから，それに見合った現金をお返しとして贈ろう」などと考えるのは常識外。とても失礼な行為です。そしてこれは，全てのお返しに言えることでしょう。「お返しをする気持ち」は品物に託して。そういうことです。

＊お金でお返しをするということは，その品物をお金で評価していることにつながる。

出題の視点

　検定問題では，事例研究②の他，病気見舞いやパーティーへの出席，年末年始のあいさつ，取引先の接待，祝儀不祝儀での上書き，社内での歓送迎会などが出題されています。次の事例からその内容を確認しておいてください。

＊前項の「慶事，弔事に関する作法」を含めての出題もある。

①同僚の入院見舞い

◆服装は，特に気を使わず，普段のスーツのままで行く。

◆上役に報告できるように，回復具合や退院のめどなどを聞いておく。

◆課内の人や上役に見舞いに行くことを話し，伝えることがあればまとめておいて伝える。

◆同室の人もいるのだから，話は小声でするようにし，長居はしないようにする。

②社外の関係者に金品を贈るときの上書き

◆取引先担当者の結婚祝いに **「寿」**

◆新製品発表の祝賀パーティーの引き出物に **「記念品」**

◆あいさつのしるしとしての心ばかりの贈り物に **「粗品」**

◆取引先の係長が課長に昇進して転勤したとき **「御栄転祝」**

◆こちらの用事でわざわざ来てもらった人への謝礼に **「御車代」**

◆地元の秋の祭礼への寄付に **「御祝儀」**

◆取引先の社員旅行に寄付するとき **「御酒肴料」**
　　　＊酒肴とは，酒と料理のこと。「宴会での，酒と料理の足しにしてください」というわけだ。

◆研修会にお願いした外部の講師への謝礼に **「薄謝」**
　　　＊「御礼」「謝礼」「御車代」「講師料」などでもよい。

③社内の人へ金品を贈るときの上書き

◆試合を控えている社内サークルへの差し入れに **「祈必勝」**

◆引っ越しを手伝ってもらった後輩に **「寸志」**

＊「寸志」は，わずかの志（チップ）で，目上の人が目下の人に贈る場合に使う（『ガイド３』p.161）。

◆出産祝いをくれた同僚へのお返しに **「内祝い」**

＊この内祝い，もともとはお祝いを頂いたことへのお返しではない。一例を挙げる。ある人が喜寿を迎えた。そこでこの人は親しい人たちにワインを贈った。「喜寿を迎えられたのも皆のおかげだという感謝の気持ち」と「この喜び（福）が皆にも来るように。そして，これからも末永くお付き合いを」との願いを込めて。これが本来の「内祝い」である。そして，この習わしは結婚内祝いや出産の内祝い，七五三の内祝いなども同様であった。

今でこそ，内祝いは返礼の意味で使われているが，この底流にある「人間関係の配慮」は，何より精神性の高さを物語る。

◆上司の長女のピアノ発表会に招かれたとき **「楽屋御見舞」**

＊「御祝」「発表御祝」「祝発表会」などでもよい。

④時候のあいさつで品を贈るときの上書き

◆新年のあいさつに持参した品に **「御年賀」**

＊これを「年始回り」という。

◆１月５日ごろの寒の入りから，２月４日ごろの寒明け（立春）までにあいさつの品に **「寒中御見舞」**

◆７月の初めから15日にかけてのあいさつの品に **「御中元」**

◆７月15日ごろから８月７日ごろの立秋までの季節見舞いの品に **「暑中御見舞」**

＊立秋を過ぎたら「残暑御見舞」になる。

◆12月の初めから25日ごろまでの暮れのあいさつの品に **「御歳暮」**

⑤祝儀袋で祝い金を贈るときの贈り主名の書き方（連名）

夫婦連名で贈る場合

◆夫の名前を右に，妻の名前を左にして，中央に書く。

年齢が違う二人が連名で贈る場合

◆中央へ，年齢が上の人の名前を右に，もう一人の名前はその左に書く。

役職の異なる二人が連名で贈る場合

◆役職が上の人の名前を右に，もう一人の名前を左にして，中央に書く。

数人のグループの連名で贈る場合

◆「○○会有志」,「○○一同」などと中央に書く。

＊全員の名前を書いた紙は祝儀袋の中に入れる。

何人かがまとまった場合

◆代表者の名前を中央に書き,その左側に「外一同」と書く。

＊全員の名前を書いた紙は祝儀袋の中に入れる。

⑥ **取引先を接待するとき（上司と自分）**

◆接待場所に行ったとき,酒の飲めない人にも合わせられるように,店に準備を頼んでおくこと。

◆席に着いたら,「どうぞお楽になさってください」などと言って,くつろいでもらう気遣いをすること。

◆相手に酒を勧めるときは正座し,近くにある銚子を取って,「どうぞ」と言って差し出すこと。

＊このとき,相手の酒の進み具合に気を付けていて,杯が空いたらつぐようにすること。また,酒や料理が足りているかどうかに気を配り,足りそうもないときは上司に了解を得て追加を頼むこと。

◆話をするとき話題は相手に合わせ,相手が話しているときは聞き役に回ること。

◆銚子はできれば両手で持ち,相手の杯に銚子が触れないようにして,九分ぐらいまでつぐこと。

◆ビールの場合もつぎ方は同じだが,泡があふれ出ることのないように,注意しながらつぐこと。

◆上司から帰りの車を用意するように指示されていたら,頃合いを見て店にタクシーの手配を頼んでおくこと。

◆帰りに手土産を渡せるように準備してあったら,相手に渡すときは上司から渡してもらうこと。

◆支払金を自分が預かっているときは,終わりになるころ席を立ち,先に支払いを済ませること。

⑦ **取引先から接待されたとき（上司と自分）**

◆個室に案内され,どうぞと入り口から遠い場所を勧められたら,上司に奥に入ってもらい,自分はその隣に座ること。

◆飲み物は希望のものを頼むが何がよいかと尋ねられたら,嫌いな

ものはないのでよろしくお願いしますと言うこと。

◆日本酒をついでもらうときは，片手で杯を持ち，杯の底にもう一方の手を添えるようにすること。

◆出された料理を冷めないうちにどうぞと進められたら，ありがとうございますと礼を言って遠慮なく手を付けること。

◆接待を受けた翌日は，自分が取引先の担当者に電話で礼を述べ，その担当者の上司にもよろしく伝えてほしいと頼むこと。

⑧パーティーに出席したとき

得意先の祝賀パーティー（立食）

◆乾杯のあいさつは，周りの人にビールをつぎ，自分もついでもらってそのグラスを持ったまま聞くこと。

　　＊乾杯のビールがつがれ，その後あいさつが長引いても，あいさつが終わるまでグラスは手にしていること。

　　＊「乾杯」では，ビールがつがれたグラスを目の高さまで上げ，口を付けたらすぐにテーブルに置いて拍手すること。

◆得意先の担当者からあいさつされたら，祝いの言葉を言うがそのときはグラスを持ったままでいい。

◆パーティーで知り合った人に名刺を渡すときは，グラスをテーブルの上に置いて名刺を両手で渡すこと。

◆食べ終わって空いた皿はサイドテーブルの上に置き，次に料理を取るときは新しい皿を使うこと。

◆料理は好きな物だけを取ってよいが，1枚の皿に少しずつ取り，食べ残しはしないこと。

◆会場内は自由に動き回ってよく，できることなら近くにいる人にビールをつぐなどして話をすること。

◆周囲に並んでいる椅子は疲れたときにちょっと休むためのものなので，料理を食べるために座るなどしないこと。

　　★立食パーティーとは，簡易な形式の食事会のこと。この形式のパーティーには，一般的に時間の拘束はなく，開始時刻に遅れたり早く帰ったりするのは自由である。従って，早く帰る場合でもわざわざ主催者にあいさつする必要もない。これが，立食パーティーでのビジネスマナー。

確認事項

① 『ガイド3』の「事例研究②」と「事例解説」から，洋食パーティーについて確認しておいてください。懇親パーティーでの基本的なテーブルマナーを紹介しています。

② 『ガイド3』の「要点整理」＜一般的な交際業務について，初歩的な知識がある＞から，交際業務の意味を再確認してください。

③ 『ガイド3』の「要点整理」＜出題の視点＞から，①取引先担当者の入院見舞い，②日頃の感謝の気持ちとして，上司や先輩に品を贈るときの上書き，③年始の挨拶，④取引先の接待（和室），⑤業界主催の立食パーティー，⑥学生時代の先輩から客を紹介され，契約を取ることができたときのお礼の仕方，を確認してください。なおこの内容は，3級のバリエーションとして出題される場合もあるので，その基本は確実に押さえておいてください。

④ 『ガイド3』のコラム，「洋食のマナー」を再読してください。**太宰治の『斜陽』（ちくま文庫）**から，スープの飲み方，ステーキの食べ方を，そして**西出博子さんの『男の食事完全マナー』（河出書房新社）**から，スープを飲むときのスプーンの使い方，ステーキを食べるときのナイフとフォークの使い方を紹介しています。

では，「ひらりひらり」と，スプーンを扱うお母さまの物語からどうぞ。

結婚の祝い

そろいのティーカップは贈っていいのかしら

「結婚のお祝いにそろいのティーカップを贈りたい，そう言ったら，それは縁起が悪い。やめた方がいいと言われてしまった。どうしたものだろう」。こんな相談を受けました。

さて，あなたならどう答えるでしょうか。日本人の繊細な言葉遣い（文化）を踏まえながら考えてみましょう。

二人の門出を祝い、生活用品をプレゼントすることがあります。しかしこんなときも、マナーを忘れないようにしてください。

たとえば食器セットなどを贈るときは、必ず奇数個のセットを選ぶこと。偶数は「割れる」ので、結婚祝いには禁忌とされています。ただし2個はペア、12個は1ダースと考えられるため問題ありません。反対に、9個は「苦」につながるため避けてください。

また、ハサミや包丁も「切れる」のでダメ。櫛は「苦しみ」や「死」を連想させるのでいけないと、思った以上に制約があります。

ただし、新郎新婦と親しい関係にあり、相手が「ほしい」といった場合には、こうしたプレゼントを贈っても失礼にあたりません。

（幸運社編『美しい日本の習慣』PHP文庫）

二つで一つ。どうやら，そろいのティーカップは問題なさそうですね。そして，何とも言えぬ仲むつまじい雰囲気がありますね。そう，二人が一緒になるわけですから。

人は荷物も担ぎますが，縁起も担ぎます。これを「ただの言葉遊びじゃないか」などと言わずに，これも文化の一つであると考えた方がよいでしょう。相手を不快にさせないこと，これが**マナーの存在理由**であり**文化**であるからです。

記述問題

「Ⅲ対人関係」と「Ⅴ技能」では，記述形式での問題が出題されています。ここでは，その事例を検討してみましょう。選択問題をどの程度理解しているかを見る，いわば**総合実践問題**です。

> ＊選択問題の一つ一つを確実に理解していれば，十分に対応できる。
> ＊『ガイド3』の「記述問題」を確認しておくこと。
> ＊記述していくときは，相手のことを思い浮かべながら。そう，「己れの欲せざる所，人に施すこと勿れ」。この心である。
> 　　†金谷治訳注『論語』（岩波文庫）による。

事例研究① 人間関係　　　　　case study

　西村俊彦は同僚から，後輩を注意するときに気を付けることを教えてもらいたいと言われた。西村はこのことについてどのように答えればよいか。箇条書きで三つ答えなさい。

解答例　　　　　an answer example

①他の人と比較するような注意はしないようにする。

②ミスなどは，何がどのように間違っているか具体的に指摘するようにする。

③言葉や話し方が感情的にならないようにして，注意する。

　解答例の他に，「周りの人に分からないように，人目の付かない場所で注意する」，「相手に言い分があれば聞くようにする」，「注意を一度にまとめてすることはせず，気付いたときにすぐするようにする」などもよい。

> ＊注意の仕方については，「目的に応じた話し方ができる」から「忠告するための基礎要件」を確認のこと。相手の心理（人間関係の心理）をよく理解した上で注意をしていかなければならないことなどが解説されている。
> 　　†人には，忠告を素直に聞けない（聞かない）側面がある。それは，プライドがあり虚栄心があるからだが，だからこそ，この心にも気遣いが必要というわけだ。ヒューマンスキルである。

＊本書のⅢ－(1)－① 「人間関係への対処」と(1)－② 「人間関係の心理」から，(3)－① 「話し方の成立要件と人間関係への結び付き」を確認のこと。人間関係と話し方は密接につながっていることが分かる。

事例研究②-1　訪問するときのマナー　　　case study

　取引先を訪問するために電話でアポイントメントを取るとき，相手に配慮すべきことを箇条書きで三つ答えなさい。

解　答　例　　　an answer example

　①訪問の目的を簡潔に話す。

　②訪問の日時は，相手に合わせる。

　③相手に時間を取ってもらうのだから，早めにお願いする。

　解答例の他に，「同行者がいるときは，そのことを前もって知らせる」などもよい。

　　　　＊『ガイド3』Ⅲ－(2)－① 「ビジネス実務としてのマナーを心得ている」から「取引先を訪問する際のマナー」(p.108) を参照のこと。
　　　　＊いずれにせよ，取引先を第一優先にして考えることである。

事例研究②-2　名刺交換のマナー　　　case study

　K社営業課の宮園健太は，初めて得意先を訪問する新人島崎に，訪問先での名刺の出し方を教えることになった。この場合宮園は，どのようなことを教えればよいか。箇条書きで三つ答えなさい。

解　答　例　　　an answer example

　①相手が読める向きにして出すこと。

　②片手で持ち，もう一方の手を添えて両手で出すこと。

　③椅子などに座っていたら，必ず立ち上がってから出すこと。

　解答例の他に，「名刺入れに入れて持ち歩き，出すときは名刺入れか

ら出すこと」,「もし,相手が先に出してしまったら,受け取ってから「『申し遅れました』と言ってすぐに出すこと」,「『Ｋ社の宮園と申します。どうぞよろしくお願いいたします』と言って出すこと」などもよい。

> ＊『ガイド３』Ⅲ−(2)−① 「ビジネス実務としてのマナーを心得ている」
> （p.104, p.111）を参照のこと。
> ＊本書Ⅲ−(2)−① 「ビジネス実務としてのマナーを活用できる」を確認
> のこと。感じのよさを表すための名刺交換の仕方を詳説している。

事例研究②-3 紹介のマナー　　　case study

　営業課の中村典明が担当する取引先Ａ商事では,先月から担当者が上野氏に代わっている。中村は自分の上司である佐藤営業課長にも会っておいてもらいたいと思い,課長と一緒にＡ商事に出向いた。そこで中村は,上野氏と佐藤課長の間に立って,次のように両者を紹介したが,紹介の仕方が不適当である。①なぜ不適当か,また,②どのようにすればよいかを答えなさい。

　まず佐藤課長に対して上野氏を,

　「こちらが上野さんです。先月,名古屋支店から転勤していらっしゃいました」と紹介した。

　次に上野氏に対して佐藤課長を,

　「営業課長の佐藤でございます」と紹介した。

解 答 例　　　an answer example

　①紹介の順序が違うので,不適当である。

　②まず,身内である佐藤課長を上野氏に紹介し,次に上野氏を佐藤課長に紹介するのが,一般的な順序である。

事例研究③-1 敬語Ⅰ　　　case study

　庶務課の関口一成が,上司（鈴木課長）の外出中にかかってきた電話に,「上司は今出かけている」と言う場合,どのように言えばよいか。次のそれぞれについて,適当なその言葉を答えなさい。

(1) 課長の友人からのとき

(2) 課長の家族からのとき

(3) 名前しか名乗らない，知らない人のとき

解答例 　　　　　　　　　　　　　　　　an answer example

(1)「(課長の) 鈴木は，ただ今出かけております」

(2)「(鈴木) 課長 (さん) は，ただ今お出かけになっていらっしゃいます」

(3)「(課長の) 鈴木は，ただ今出かけております」

　　　　＊本書Ⅲ－(2)－②「一般的な敬語を使える」から，＜出題の視点＞を
　　　　参照。

事例研究③-2　敬語Ⅱ 　　　　　　　　　　　　case study

次の下線部分を，取引先や目上の人に言う丁寧な言葉遣いに直しなさ
い。

(1) 「何かご伝言が<u>あったら</u>　<u>聞くが</u>」
　　　　　　　　　　a　　　　b

(2) 「課長の土井は仕事が<u>重なっていて</u>　お目にかかれないと　<u>言って</u>
　　　　　　　　　　　　a　　　　　　　　　　　　　　　　　　　b
　<u>いる</u>」

(3) 「<u>出しゃばったことを申しまして</u>　<u>すまないと</u>　存じております」
　　　　a　　　　　　　　　　　　　　b

解答例 　　　　　　　　　　　　　　　　an answer example

(1) a おありでしたら・ございましたら

　　b 承りますが・伺いますが（お伺いしますが）・お聞きしますが

(2) a 立て込んでおりまして

　　b 申しております

(3) a 差し出がましい・差し出た

　　b 申し訳なく・恐縮に・心苦しく

164

事例研究③-3 敬語Ⅲ　　　　　　　　　　case study

　次は江口洋子が得意先に言ったことだが，言葉遣いが不適切である。それぞれ不適切と思われる部分に下線を引き，その下に正しい言葉遣いを書きなさい。

(1)　「どうぞ，お料理が温かいうちにいただいてください」

(2)　「それでは，応接室にお連れいたしますので，どうぞこちらへ」

(3)　「担当の者がすぐ見えますので，こちらで少々お待ち願えますか」

解 答 例　　　　　　　　　　an answer example

(1)「どうぞ，お料理が温かいうちにいただいてください」
　　　　　　　　　　　　　　召し上がって

(2)「それでは，応接室にお連れいたしますので，どうぞこちらへ」
　　　　　　　　　　　　　ご案内

(3)「担当の者がすぐ見えますので，こちらで少々お待ち願えますか」
　　　　　　　　　　　　まいり

事例研究③-4 分科会での挨拶の仕方　　　　case study

　Ｓ商事の吉永薫は，他社の社員と一緒に参加する「入社３年社員対象研修会」の分科会で，司会者から進行役に指名された。吉永にとって進行役は初めての経験である。この場合吉永は，司会者からメンバーに紹介された後，進行役としてメンバーにどのように挨拶すればよいか。その言葉を書きなさい。

解 答 例　　　　　　　　　　an answer example

　ただ今ご紹介をいただきましたＳ商事の吉永薫と申します。分科会の進行役を仰せつかりましたが，何分にも初めてでございますので，メンバーの皆様のご協力をいただきながら，役目を果たしてまいりたいと存じます。どうぞよろしくお願いいたします。

　富山春夫の先輩の家族に不幸があった。そこで富山は，後輩の高知秋彦と一緒に香典を供えることにした。このような場合，不祝儀袋には二人の名前をどのように書けばよいか。適切な位置に書き入れなさい。

　上書きを二人で連名にする場合，上位者が右側になり，下位者が左側となる。従ってこの場合は，富山春夫は高知秋彦の先輩になるのだから，解答のように書くことになる。

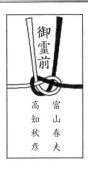

　販売課の横山健斗は急用で出席できない係長の代理で，得意先の新店舗開店パーティーに出席した。この場合横山は，パーティー会場内で得意先の担当者に挨拶するとき，どのようなことを言えばよいか。箇条書きで三つ答えなさい。

①係長の代理で来たこと。

②新店舗開店への祝いの言葉。

③普段の取引上の礼。

解答例の他に，「盛会を喜ぶ言葉」「係長からの祝いの言葉」などもよい。

IV

電話実務

---

① **会話力**

② **応対力**

kizukai

この章では，ビジネス社会で必要な電話実務について学びます。

ビジネスの場では，一日が電話に始まり電話で終わると言っても過言ではないほど業務で電話を使用します。ですから，相手に好印象を与える電話応対ができれば，その人のイメージがよくなるだけでなく，会社の印象までよくなると言われるほど電話応対の感じのよさは大切な技能になります。それにはまず電話の特性を理解する必要があります。

▶ 電話の特性

(1)一方的になる性質がある

電話は相手が見えませんから，相手の様子が分かりません。今話をしてもよい時間なのか，立て込んでいるのか状況が読めないわけですから，かける方は相手に配慮する必要があります。「ただ今お時間よろしいでしょうか」の一言を忘れないようにしましょう。

(2)その場にいない相手でもすぐ話ができる

電話は，遠方の人であっても目の前にいる人と同じように会話ができますので，緊急時の連絡，また訪問の約束などスケジュールを決める際にもとても便利なツールです。文書でやりとりせずに済む用件であれば，時間短縮には大きなメリットといえるでしょう。

(3)声だけが頼りである

相手に伝わるのは声だけです。話の仕方と声の調子がその人の印象に大きく影響しますので，明るい話し方や声のトーン，聞き取りやすい口調などを意識して話しましょう。それには表情にも気を付けることです。

(4)記録が残らない

(録音機能が付いているものは別ですが)，電話の声は記録に残りません。電話を受けたときは必ずメモを取りましょう。覚えているつもりがうっかり忘れてしまうこともあるのです。仕事を確実に処理するためには，要点をメモすることと，話の内容を復唱する習慣を付けましょう。

▶ 電話のマナーと応対の基本

明るく	電話が鳴ったら明瞭な発音で， 「はい，B物産（営業部）でございます」 「おはようございます　B物産(営業部)でございます」 などと応じる。この明るく爽やかな応対が会社の印象をよくする。
迅速に	1回の呼び出し音(1コール)で出ること。 3回以上のコールで出るときは 「(大変)お待たせいたしました」とあいさつをして出る。
丁寧に	応対のときの基本的な言葉 「いつもお世話になっております」 「かしこまりました／承知いたしました」 「少々お待ちください(ませ)」 「恐れ入ります　ただ今お時間よろしいでしょうか」 「〇〇はただ今席を外しております　いかがいたしましょうか」 「確認しまして　折り返しお電話をさせていただきます」 「お待たせいたしました」「申し訳ございません」「ありがとうございます」 「お電話ありがとうございました」 「失礼いたします」「よろしくお願いいたします」
正確に	間違いを防ぐため復唱する 「Aビジネスサービスの山田様でいらっしゃいますね」 「5時までにお電話を差し上げるよう，確かに鈴木に申し伝えます」

以上は，電話応対の基本的な言葉です。これらの言葉を，相手に感じよく言えることが電話応対には重要なことです。

　電話の特性や基本ルール，応対に必要な基礎知識については3級で学びました。2級で学習することは，感じのよい電話応対です。相手の状況を考慮した対応や気遣いのある一言は，より信頼される関係を築くのに必要だからです。感じのよい電話応対をするにはどのようなことを意識する必要があるか，それぞれの事例を元に学んでいきましょう。

①会話力

① 感じのよい話し方について, 理解がある。
② 整った分かりやすい話し方について, 知識がある。

1 感じのよい話し方について, 理解がある

　3級では, 正しい敬語を使って明るい調子で話すこと, 相手を尊重した丁寧な態度で話すことなどを学びました。2級で求められる, より感じがよいと思われる話し方にはどのようなことがあるか, 考えてみましょう。

事例研究① 感じのよい話し方について, 理解がある　　　case study

　上村静夫は先輩の大友から, 電話で取引先と話すときは感じのよさを意識するようにと言われた。次はこのとき大友から, どのように話せば感じのよさを表せるかについて教えられたことである。中から不適当と思われるものを一つ選びなさい。

(1)　日ごろの業務連絡でも, あいさつは省略しないで, 丁寧な調子を崩さないこと。
(2)　日ごろの業務連絡は, はつらつと声を張って行うが, 張り上げた声にならないこと。
(3)　一本調子の話し方にならないように, 重要なところは抑揚をつけたりゆっくり話したりするとよい。
(4)　相手のミスを指摘するときは, 「恐れ入りますが」と言った後, きつい印象にならないよう, 遠慮がちに声を潜めて話すとよい。
(5)　こちらの不手際を謝るときは, すまないという気持ちを込めて, 「大変申し訳ございません」の「大変」を強く言うようにするとよい。

事例解説　　　　　　　　　　　　　　　　　　　　　　instructions

　いかがでしょうか, **不適当は選択肢(4)**です。
　この問題は, 感じよく話すポイントを考えさせる問題です。電話に限らず感じのよい話し方には, **明るく歯切れのよい話し方, 抑揚を付けたメリ**

ハリある話し方，落ち着きのある丁寧な話し方などが求められます。これらを踏まえますと，**選択肢(1)(2)(3)**は適当ということになるでしょう。**選択肢(5)**は，電話で不手際を謝るのですから，すまないという気持ちを相手に分かってもらうためには，話し方の調子で感じてもらう必要があります。従ってこのような調子の言い方になるでしょう。では**選択肢(4)**はいかがでしょうか。ミスを指摘するとき「**恐れ入りますが**」と言ったり，きつい印象にならないように心がけることは必要です。が，相手に分かってもらうためには，きちんとした話し方をしないといけません。遠慮がちに声を潜めて話すのは不適当ということになります。

2 整った分かりやすい話し方について，知識がある

事例研究② 整った分かりやすい話し方について，知識がある　**case study**

　広報課の清水綾は新人の駒井から，「電話で話している途中で，相手から聞き返されることが多いが，なぜだろうか」と尋ねられた。次はこのとき清水が答えたことである。中から<u>不適当</u>と思われるものを一つ選びなさい。

(1)　仕事に慣れてきて，気付かないうちについ早口になっているのではいか。
(2)　発音にまで注意が行き届かず，語尾の発音があいまいになっているのではないか。
(3)　専門用語やカタカナ語など，相手が分からない言葉を多用しているのではないか。
(4)　相手の話が長いとき，相手が話し終わらないうちに自分が話し出しているのではないか。
(5)　次から次と電話が多いとき，手早く話そうとして話し方が歯切れよくなっているのではないか。

　この問題は「相手から聞き返されることが多いのはなぜか」に答える問題です。聞き返されるということは，駒井の話し方が相手には聞き取りにくい（分かりにくい）ということになります。不適当を選ぶ問題ですから，その話し方に当てはまらないものが解答になるということ。**選択肢(1)**の早口，**(2)**の語尾の発音が不明瞭，**(3)**の相手が分からない言葉を多用する，などは聞き取りにくい話し方になります。**選択肢(4)**はいかがでしょうか。話し終わらないうちに話し出すということは，言葉が重なるわけですから，当然相手は聞き返すでしょう。従って，これも聞き取りにくい話し方に当てはまる。では**選択肢(5)**「話し方が歯切れよい」とは，声の大きさや発音がはっきりしている話し方ということですから，聞き取りにくいことにはならない。従って，**(5)が不適当**ということです。

会話力の要点整理　　　　　　　　　　　　　　　the main point

■ 1. 感じのよい話し方には明るさが重要

　相手が明るく応じてくれる電話は，仕事のやりとりもスムーズで人間関係もうまくいくように感じます。逆に暗くてそっけない応対の電話は，電話が終わった後も不快感が残り，あまり関わりたくないと感じてしまいます。このように電話で明るく話すことは，さまざまな相乗効果をもたらすことになります。そのためには次のような話し方を心掛けるとよいでしょう。

　　①　声のトーンは少し高めにして話す。
　　②　明瞭な発音を心がけ声の大きさも意識する。
　　③　生き生きとした調子でテンポよく話す。
　　④　抑揚を付けてメリハリある話し方をする。
　　⑤　明るい表情を意識する。

■ 2. 端的な話し方を意識する

端的な話し方とは，要点をはっきりさせて簡潔に話すということです。

電話は声だけですから，証拠が残りません。電話をかけた方は，必要なことを正確に相手に伝えたかどうか，電話を受けた方は，内容を正確に把握したかどうか，互いに間違いのない電話応対をするには，次のことを心がけることが必要です。

　①　電話をかける前に，伝える用件を整理し，メモにしておく。

　②　話すときに資料が必要なら手元に準備しておく。

　③　用件が複数あるときは，「用件が〇点ございます」と最初に伝えてから本題に入る。

　④　電話を受ける方は，受話器を取ったらすぐメモの用意をする。

　⑤　用件を最後まで聞いたら，復唱して内容に間違いがないかを確認する。

② 応対力

① 用件や伝言の受け方について，知識がある。
② 用件や伝言の伝え方について，知識がある。
③ 電話の特性について，知識がある。
④ 電話の取り扱いについて，知識がある。

1 用件や伝言の受け方について，知識がある

　電話を受けて名指し人が不在の場合，電話の相手から伝言を頼まれたりすることは日常茶飯事です。そのような場合は基本ルールとして，伝言を受けたら必ず自分を名乗ることを忘れないようにしましょう。

　なぜ名乗るのでしょうか。電話の相手は，伝言を誰に頼んだか，間違いなく伝えてもらえるかなどの不安があります。そのようなとき「私○○と申します」と名乗れば，かけてきた方に，○○さんが伝えてくれるという安心感を与えることができます。それが感じのよい電話応対につながるのです。

事例研究① 用件や伝言の受け方について，知識がある。 case study

　次は総務課の寺田亮真が後輩の金沢に，電話で，不在の人あての伝言を頼んだり頼まれたりしたときの注意として教えたことである。中から<u>不適当</u>と思われるものを一つ選びなさい。

(1) 伝言を聞いたときは，伝言の内容を復唱し，相手から言われなくても「金沢が承りました」と名乗ること。

(2) 「金沢が承ります」と名乗って伝言を聞いた後に，相手からもう一度名前を聞かれても，「金沢と申します」と改めて名乗ること。

(3) 伝言を頼んだときは，「恐れ入りますが，念のためお名前を伺ってもよろしいですか」と丁寧な言い方で尋ね，聞いた名前を復唱し，メモしておくこと。

(4) 伝言を聞いた後，相手から「失礼ですが……」と尋ねられたら，それは，名前を聞かせてもらいたいという意味なので，「私，金沢と申し

ます」と名乗ること。

(5) 伝言を聞いた後，相手が「私は○○と申しますが，恐れ入りますが……」と言ったら，名前を伝えておいてもらいたいという意味なので，「確かに申し伝えます」と言うこと。

いかがでしょうか。必ず名乗るということでは，**選択肢(1)(2)**は適当ということが理解できます。**選択肢(3)**は伝言を依頼した方が名前を尋ねていますが，誰に伝言を頼んだかを確めたわけですから適当ということになります。**選択肢(4)**の「失礼ですが…」は，「失礼ですが(お名前をお聞きしてもよろしいでしょうか)」ということを省略している言い方で，ビジネス電話での暗黙のルールのようなやりとりです。**選択肢(5)**も同様の意味の省略ですので名乗らなければならないのですが，名乗っていません。従って不適当ということです。このような場合は，「申し遅れました，金子と申します」と名乗ってから「確かに申し伝えます」と答えれば感じのよい電話応対になります。

2 用件や伝言の伝え方について，知識がある

電話で相手から依頼された内容を名指し人に伝えるには，要領よく簡潔に伝えることが必要です。口頭で伝える場合とメモで伝える場合とでは，表現の仕方が多少変わりますが，共通することは，簡潔に分かりやすくするということです。そのことを意識して次の事例を研究してみましょう。

事例研究②　用件や伝言の伝え方について，知識がある。　case study

営業課主任の阿部健司が3日間の出張から戻ると，机上に次のようなメモが置かれていた。これについて阿部はメモを書いた須藤に次のように指導した。中から<u>不適当</u>と思われるものを一つ選びなさい。

```
                                    14時10分前
        阿部主任

        株式会社ＹＰ工業の坂本様より電話
        がありました。出張から戻り次第,
        電話をもらいたいとおっしゃってい
        ました。

                                        須藤
```

(1)　時刻の「14時10分前」は，普通に「13時50分」と書くのがよい。

(2)　3日間不在にしていたのだから，時刻だけでなく日付も必要である。

(3)　メモだから，「株式会社ＹＰ工業」の「株式会社」は書かなくても
　　よい。

(4)　メモだから，「とおっしゃっていました」は「とのこと」でよい。

(5)　メモの責任は自分という意味で，自分の名前は必ずフルネームで書
　　くこと。

事例解説　　　　　　　　　　　　　　　　　　　　　　instructions

　いかがでしょうか。この問題はメモで伝える場合の注意点を考える問題
ですが，伝言メモで意識することは，「読むメモより見るメモを作成する」
ということです。見ただけで内容の大筋が理解できるような作成の仕方を
意識する，従って敬語表現などは最小限でよいわけです。それらを踏まえ
ますと，**選択肢(1)(2)(3)(4)**が適当ということが分かります。**選択肢(5)**
ですが，これは主任に宛てた伝言メモですから正式なビジネス文書ではあ
りません。従って，フルネームを書く必要はないので不適当ということに
なります。

3 電話の特性について, 知識がある

電話は, (1)一方的な性質がある(2)その場にいない相手とすぐ話ができる(3)声だけが頼りである(4)記録が残らないなどの特性があるということは3級で学びました。それらを踏まえて次の問題を考えてください。

事例研究③ 電話の特性について, 知識がある。　　　　case study

次は営業課の仲村さつきが新人宮本に, 電話で営業を行うときの問題点について話したことである。中から<u>不適当</u>と思われるものを一つ選びなさい。

（1）　相手が不在のときや都合の悪いときにかけてしまうこともあり得る。
（2）　１対１の伝達なので, 複数の人に同じ情報を伝えるのに時間がかかる。
（3）　音声のみの伝達なので, 図表やデザインなどの内容は正確に伝わりにくい。
（4）　相手の表情が見えないので, こちらの話を理解しているか, YesかNoかが分からない。
（5）　特に録音をしなければ音声は消えてしまうので, 後で「言った」「聞いていない」などのトラブルになることもあり得る。

事例解説　　　　instructions

いかがでしょうか。上記の特性に当てはめてみますと**選択肢(1)(2)(3)(5)**はそれぞれ当てはまることが理解できます。では**選択肢(4)**は, 確かに声だけが頼りですから相手の表情は見えません。が, 相手が快く思って話しているか, 渋々承知した話し方かなどは, 声の調子や話し方の雰囲気などである程度感じ取ることができるのではないでしょうか。従って, YesかNoか分からないというのは不適当ということです。

4 電話の取り扱いについて，知識がある

　ビジネス上の電話は，ちょっとしたタイミングで契約を成立させることができたり，逆もあったりします。会社の業績にも影響があることですから，営業スタッフとしても気が抜けません。そのような背景から，社員に社用携帯電話を貸与している会社も多く見受けられます。となると，私たちは携帯電話のマナーも身に付ける必要があります。

事例研究④　電話の取り扱いについて，知識がある。　　　case study

　次は販売代理店の平田健二が，商談のために社用車で得意先Ｙ社の小島氏を訪ねたとき，順に行ったことである。中から<u>不適当</u>と思われるものを一つ選びなさい。

（1）　行きに車を運転中，携帯電話に自社から着信があったので，路肩に車を止めてから電話に出て対応した。

（2）　Ｙ社のロビーで携帯電話をマナーモードにし，受付で小島氏への取り次ぎを頼んだ。

（3）　応接室に通され小島氏を待っているとき，携帯電話に別の得意先から着信があったので，電話に出て用件を聞き，手短に対応した。

（4）　商談中，小島氏から「すぐの大量注文は可能か」と尋ねられたので，その場で携帯電話から自社の在庫管理担当者に問い合わせた。

（5）　在庫調べに少し時間がかかるということだったので，いったん電話を切って小島氏に事情を話し，担当者からの電話を待ちながら商談を続けた。

事例解説　　　　　　　　　　　　　　　　　　instructions

　いかがでしょうか。携帯電話は基本的には，いつでもどこでも使用することが可能ですから，マナーをわきまえてなおかつ効率よく使うとなると，ひとえに保持者の意識にかかっています。

　この問題は商談で出向いたときの一連の行動です。**選択肢(1)**は，道路交通法で運転を止めて対応しないといけないことになっていますので適当。**選択肢(2)**は，Ｙ社との商談に専念するためにも，ここでマナーモー

ドにするのはよい判断と言えます。**選択肢(3)**はいかがでしょうか。Ｙ社
の応接室内です。小島氏がまだ見えていないからといって他社からの電話
に出るなどは，考えの浅い不謹慎な行為と言えます。従って**(3)は不適当**
になります。**選択肢(4)(5)**は，Ｙ社との商談中に相談されたことへの対
応ですから必要なことと言えます。

応対力の要点整理　　　　　　　　　　　　　　the main point

1. 名指し人が不在の場合の電話応対

① 電話に出てほしい相手が不在ということは，相手の意向に添えなかっ
たということですから丁寧にわびることが必要です。が，不在の理由の
伝え方は，相手によって臨機応変にしなければなりません。
② 用件によっては他の社員で対応可能な場合もあります。「お差し支え
なければ～」などと用件を聞いて，相手の都合に合わせた対応を心がけ
ることです。
③ 伝言を依頼されたら要領よくまとめながらメモを取り，聞き終えたら
「復唱いたしますがよろしいでしょうか」と簡潔に復唱する。最後は必
ず名前を言うようにします。

2. 電話で受けた伝言を正確に伝えるには

① 伝言メモを書くときは，一目瞭然とまではいかなくとも見ただけで大
筋の判断ができるようにすることです。
　　a. 電話をしてきた相手の名前
　　b. 電話を受けた日時
　　c. 電話を受けた者の名前
　　d. 用件は箇条書きにする(敬語表現は最小限でよい)
　　e. 返事はどのようにするか(こちらからかけるか，もう一度かかっ
　　　てくるか)
② 口頭で伝えるときは伝える相手が目の前にいるわけですから，報告の
要領で伝えるとよいでしょう。

3. かけてよい時間は相手の勤務時間内

① 　電話は相手の勤務時間内にかけるのが基本ですが，始業時間直後や終業時間間際などにかけるのはマナー違反です。また昼食休憩の前後などもなるべく避けましょう。

② 　会社によっては一日のパターンがあり，午前中は会議や打ち合わせが多い会社や，午後になると外出が多くなる会社などそれぞれ違いがあるかもしれません。その動きをキャッチすることも仕事を効率よく進めるには大切なことです。

V

技 能

kizuna

1 情報

- ① 情報活動ができる。
- ② 情報の整理ができる。
- ③ 情報の伝達ができる。

1 情報活動ができる

　情報活動は，部門によりその仕方にはいろいろと違いがあります。でも，目的は一つ。情報を得てそれを仕事に生かすことです。

　では，仕事に役立つ情報を得るための方法にはどのようなことがあるでしょうか。その情報活動の基本を問うているのが次の事例です。検討してみましょう。

事例研究① 情報活動ができる　　　　　　　case study

　一条紀彦は係長から，情報を得てそれを生かすことが仕事だと言われ，情報を得る方法を次のように教えられた。中から<u>不適当</u>と思われるものを一つ選びなさい。

(1)　情報は自分からは出さないで，自分の努力で相手からもらうものである。
(2)　いわゆる広告も役に立つことの多い情報なので，多くのものを見るよう努力する。
(3)　問題意識を持って歩けば，街からはアイデアを生むきっかけになる情報が得られる。
(4)　情報を得られるのは新聞，雑誌が多いが，多種多様なので目的に合わせて選択しないといけない。
(5)　人から情報を得るためには，情報を持っている人，またその人を知っている人と知り合いになるとよい。

事例解説　　　　　　　　　　　　　　　　instructions

　いかがでしょうか。**不適当な選択肢は(1)**になります。

情報は互いに出し合ってこそのものでしょう。そしてそのためには，まずは自分から役に立つ情報を提供することです。でなければ，ただ物欲しげに映るだけです。相手は心を開きません。何よりマナー違反でしょう。

ではここで，情報を得るための基本的な方法には何があるのかを見てみましょう。

広告は，「時代を映す鏡」だといわれています。それくらい広告は重要な情報源なのでしょう。テレビや新聞，雑誌，そしてインターネット広告（ウェブ広告）などから，時代の雰囲気を感じ取る。それが仕事につながっていきます。だからこそ，多くのものを見るように努力する必要があるのです。それが**選択肢(2)**です。**選択肢(3)**も同様です。問題意識を持って「最近どのような店が開店しているか」など，世の中の動き，はやり廃りを見ていきます。すると，ここから顧客のニーズを探ることも可能になるでしょう。**選択肢(4)**は人事なら人事の，営業なら営業の仕事（テーマ）に関連した情報を選んで対処していくというものです。情報を得てそれを生かすことが仕事だからです。そして，信頼関係に基づいた情報活動が**選択肢(5)**です。良好な人間関係（コミュニケーション）が信頼のある情報を得られる第一条件というわけです。

要点整理   the main point

■ 情報活動ができる

1 情報活動とビジネス実務マナー

情報は，自分からは出さないで相手からのみ得ようとしても，まずうまくはいかないでしょう。それは自分の利益だけを考えて行動しているのが，相手にはすぐ分かってしまうからです。

ではどうするか。それは，まず自分から情報を提供していくという積極的な姿勢。そして，**あなた（顧客）のために**，喜んでもらえる最新の情報を提供しようとする**打算のない心**。この二つでしょう。これが**情報活動におけるビジネスマナー**です。出題の意図もここにあります。

   ＊打算なき心ということは，世に言う「ギブ・アンド・テイク」とは少々
     違う。
   ＊「ギブ・アンド・テイク」と言う言葉には，「相手に与えれば、今度は、

こちらが相手から取れるとの計算が潜んでいる」。そう語るのは，田坂広志さんである。そこで田原さんは「ギブ・アンド・ギブン」、すなわち「相手に与えること、それ自身が喜びである。ときに、相手から与えられることがあるかもしれないが、それを期待して与えるのではない」という「利他の精神」であると語る。

　　†田坂広志さんの言葉は，『プロフェッショナル進化論』ＰＨＰビジネス新書）による。

2 情報活動の基本

　情報活動の第一は情報の収集にあるでしょう。**安宅和人さん（ヤフー株式会社ＣＯＯ室室長）**は，**情報収集のコツは「一次情報」に触れること**だと言います。では一次情報とは何か。**「誰のフィルターも通っていない情報」**のことです。それを安宅さんは，次のように説明しています。

> ●モノづくりの場合…　生産ライン、調達の現場に立つ。現場の人の話を聞く。可能であれば、何かの作業を一緒にする。
> ●販売の場合…………　販売の現場に出向く。店頭に立って顧客の声を聞く。可能であれば一緒に活動する。
> ●商品開発の場合……　商品が使われている現場に出向く。商品を使っている顧客と話をする。なぜそれを使うのか、どう使い分けているのか、どんな場面でどう使っているのかなどを聞く。
> ●データの場合………　加工されていない生のデータにあたり、変化のパターンや特徴を見て理解する。
>
> あまりにも基本的なことに聞こえるかもしれないが、これらを呼吸するようにできている人は少ない。「優秀」とか「頭がよい」と言われている人ほど頭だけで考え、一見すれば効率のよい読み物などの二次情報から情報を得たがる傾向が強い。そして、それが命取りになる。肝心の仮説を立てる際に「色眼鏡をつけて見た情報」をベースにものを考えることになるからだ。
>
> （安宅和人著『イシューからはじめよ』英治出版）
>
> ＊その他の項目として，「●研究の場合」と「●地方の場合」がある。それについては，同書を参照のこと。

まずは現場に出ていこうということです。そして，情報を肌で直接感じるということです。信頼できる正しい情報を得るために。

> ＊イシューとは，課題や問題点などのこと。「本当に答えを出すべき課題^{イシュー}とは何か」などと使われる。

> ＊「いかなる事業にあろうとも、責任ある立場の者は、多くの時間を社外で過ごさなければならない」。そして，このことこそが「知識の幅を広げる唯一の道である」（『経営の哲学』ダイヤモンド社）。そう語るのは，P.F.ドラッカーである。

3 情報は謙虚に聞く

ところで，現場に出向いたとき，とても大切なことがあります。それは何でしょうか。その現場の声を謙虚（真摯）に聞くことです。では，なぜ謙虚に聞くことが大切なのか。それは，**「われわれは自分の気に入ったことしか信じない」**という独り善がりの心理傾向があるからです。だからこそ，「色眼鏡」を着けずに謙虚に聞くことが大切になるというわけです。

> ＊引用文は，「小品集」『中公バックス世界の名著29パスカル』所収（中央公論社）による。なお，関根秀雄訳では「人間は常に自分に理解できない事がらはなんでも否定したがるものである」（『ラ・ロシュフコー格言集』白水社）とある。これは，情報収集に限らず，良好な人間関係を築くためにもとても大切な戒めだ。

4 肝心な情報を見落とさない

そして，現場に出向いたとき，もう一つ重要なことがあります。それは，細心の注意を払って情報を読み取ることです。こんなエッセーがあります。寺田寅彦（物理学者）の随筆集からのものです。

> いわゆる頭のいい人は、言わば足の早い旅人のようなものである。人より先に人のまだ行かない所へ行き着くこともできる代わりに、途中の道ばたあるいはちょっとしたわき道にある肝心なものを見落とす恐れがある。
>
> （寺田寅彦著『寺田寅彦随筆集 第四巻』岩波文庫）

細かいところまで注意が行き届き，落ち度がない。これが丁寧であることの意味です。そしてこれが現場に出向いたときの情報収集の態度でしょう。

「神は細部に宿る」という言葉がありますが，この言葉，**「真理は細部に**^{ディテール}

宿る」と言い換えて使われることもあります。これは，五感を働かせ，細部にも目を配ることが重要だ，するとそこに真理（真実）が見えてくるということ。**「ディテールを読み取ることの重要性」**（『美徳の経営』ＮＴＴ出版）です。それを現場で直接感じ取るということです。何より，情報は現場にしかないのですから。

> ＊「小さなことで真理に無頓着な者を重要なことで信用してはならない」（アリス・カラプリス編／林一，林大訳『増補新版 アインシュタインは語る』大月書店）。そう語っているのは，理論物理学者のアルベルト・アインシュタインである。

■ 出題の視点

　検定問題では，事例研究①の**「情報活動とは何か」**の他，次のような事例が出題されています。そのケーススタディーを確認しておいてください。部署別の情報収集の仕方です。

> ＊「(3)情報」全般に関する総合問題でもある。

①**営業課**

担当する取引先の基本情報を調べるとき

◆自社との今までの取引状況（年間取引額）。

◆主な取引先。

◆資本金と年商。

◆主な取引銀行。

◆業界での位置。

◆その会社と取引している主要商品名。

◆あいさつに行くときに降りる最寄り駅。

◆その会社の取引上の担当者名と責任者名。

②**販売課**

取引先の経営状態が気になるとき

◆支払手形のサイトが延びたら，その理由を尋ねてみる。

> ＊サイト＝支払期限

◆幹部社員が退職したら，担当者に理由を尋ねてみる。

◆給与や賞与の支払い遅延がないか，様子を探ってみる。

◆採用を手控えている様子があったら，その理由を尋ねてみる。

③人事課

社員研修を依頼する講師に確認する内容

◆受講者に配布する資料はあるか。

◆ビデオなどの機器の準備は必要か。

◆受講者に紹介するプロフィルの内容。

> ＊プロフィルの内容としては，資格と経歴，所属学会，主な著書などがある。

◆前もって受講者に知らせておくことはあるか。

◆講師料の支払いはどのようにしたらよいか。

◆昼食を用意するが食べられないものはあるか。

④広報課

雑誌社から「新製品Ｘ」開発担当者へ取材を依頼されたときの確認事項

◆雑誌社の担当者名と返事の期限。

◆写真撮影はあるか。

◆何月号に掲載するのか。

◆希望する取材日時はいつか。

◆開発担当者に，特に聞きたいことは何か。

⑤資材課

仕入れ品についての新しい情報を集めるとき

◆製品の購入を検討するときには，複数のメーカーの同種製品の情報を集める。

◆新製品をインターネットで調べるときは，最新の情報かどうかを更新日時で確認する。

◆初めて取引する販売会社の場合，事前にその会社から「会社概要」を送付してもらう。

◆新製品情報をいち早く得るために，販売会社だけでなくメーカーから発信される情報にも注視する。

◆新製品の仕入れについて販売会社に問い合わせするときは，カタログを見ながら問い合わせるようにする。

> ＊仕入れに関して販売会社に確認する事項には，発注単位，仕入れ単価，支払い条件，納品の方法と条件，商品の受渡場所などがある。

確認事項

① 『ガイド3』の「事例研究①」と「事例解説」から，情報についての一般知識を確認しておいてください。情報は重要な事業活動であることを解説しています。

② 『ガイド3』の「要点整理」＜情報について，一般的な知識がある＞から，①情報とは何か，②情報収集とビジネス実務マナー，③情報伝達と信頼関係，を確認してください。情報の要は，良好な人間関係にあることを解説しています。

③ 『ガイド3』の「要点整理」＜出題の視点＞から，各部門が保管している情報について確認してください。情報源の視点です（3級のバリエーションとして出題される場合もある）。

> ＊新聞記事の見出しから情報収集を問う出題もある。例えば，人事課の担当者が人事資料として集めた「新入社員の職業意識の変容と能力開発」，営業担当者が営業に関係するものとして切り抜いた「○○社，大阪にアンテナショップ，販路拡張を視野」などである。担当部署と関連するテーマを選ぶ問題である。

④ 『ガイド3』のコラム「情報に対する心の姿勢」（p.206）を再読してください。**福島正伸さんの『キミが働く理由』（中経出版）** から，ビジネスパーソンとしての責任と良識ある情報提供の在り方を紹介しています。

2 情報の整理ができる

　情報の整理で最も重要なこと。それは，得た情報の生かし方を常に考えておくことです。これが次の仕事（企画）の基盤になります。

　ではここで，情報の取り扱いについて，その基本的な考え方を確認しておきましょう。ポリシーの持ち方のケーススタディーです。

事例研究② 情報の整理ができる　　　　　case study

　次は企画課に勤務の千葉直之が先輩から，情報の取り扱いについて教えられたことである。中から不適当と思われるものを一つ選びなさい。

(1)　情報は，目的に沿ったものでないと意味がないのだから，常に目的を意識して対応すること。

(2)　情報は会社としてのものだから，情報を得たら必要に応じて早く上役に知らせるなどをすること。

(3)　古くなった情報は，古いといっても当時は生きた情報だったのだから，まとめて保存しておくこと。

(4)　情報は，すぐに役立つものと後で役立つものがあるから，得た情報の生かし方を常に考えていること。

(5)　情報を保存しておくときは，情報源も詳細に記録しておかないと，情報の意味がなくなることがある。

事例解説　　　　　　　　　　　　　　instructions

　不適当な選択肢は(3)になりますが，いかがでしたか。
企画課の情報の取り扱いです。言うまでもなく，古くなった情報とはそのときは価値があったが今は価値のない情報ということ。従って，その情報を保存しておく必要はないというわけです。

　「できそうでできない」捨てることの難しさを示している事例でした。

　　　　　＊価値ある情報は，その時点で必ず企画書などに反映させているはず。であれば，その情報はすでに用済みというわけだ。この割り切りである。
　　　　　＊実際には，古い情報をいつまでも抱えている人もいる。二度と見返すこともしないのに。そして，この意識を問題にしているのがこの事例である。

情報の整理ができる

1 情報の整理で最も重要なこと

　私たちの重要な仕事の一つに情報の整理があります。でも情報の整理は，あくまでも手段であって目的ではありません。では目的とは何か。仕事に関連する情報を集め，「すぐに役立つもの」と「後で役立つもの」とに整理し，仕事に対応していくことです。**選択肢(4)**がそれに該当します。そして，出題の意図もここにあります。

> ＊選択肢(1)は，情報収集の視点からのもの。
> ＊選択肢(2)は，情報伝達の視点からのもの。
> ＊選択肢(5)「情報源の記録」も大切である。出典（情報の基になる書籍名や出版社名，著者など）や年月日等を記録することによって，その情報の信憑性や情報の鮮度が分かる。

2 明日の仕事につながる情報の整理

　日々，情報整理に取り組んでいると，次に収集すべき情報は何かが分かってきます。真摯さと高い問題意識がこうさせるのです。別の言い方をすると，情報の整理が新しい情報を必要としてくるのです。「企画の立案には，まだ情報が不足しているな」とか「まだ裏付けとなる情報が少ない。これでは報告できない」などと。そしてこれが，明日につながる情報整理の仕事です。

> ＊日々の情報整理の蓄積が情報の精度を高めるということ。そしてこれによって，密度の濃い情報提供（伝達）もできるようになる。

出題の視点

　検定問題では，事例研究②の他，具体的な情報整理の仕方が出題されています。それを，次の事例から確認しておいてください。

①パソコンで作成した文書の整理の仕方

　◆文書のタイトルは，「文書１」などとせず，内容の分かるものにする。

> ＊総務課の例でいうと「夏季休暇のお知らせ」などとするわけである。

　◆文書は後で検索しやすいように，テーマごとに分けたフォルダーに

移している。

> ＊ちなみに，勝間和代さん（経済評論家）は，「ノートパソコンは、1つのコンパクトな場所に大量の情報を保管でき、簡単に検索できる」とし，次のように語っている。

> 普段紙に書いたものを保管して、そこからさらに必要な時にそれを見つけようとしたら、なかなか見つからなくて苦労したことがある方は多いと思います。
> ところが、ノートパソコンでは、グーグルデスクトップがあれば、キーワードさえ入れればどこに入っているのか、あっというまに検索してくれます。メールも、プレゼン資料も、ワードの資料も、あっというまです。この状態に慣れてしまうと、紙で資料を探すということに対しても、非効率性を強く感じるようになります。
> （勝間和代著『効率が10倍アップする新・知的生産術』ダイヤモンド社）

◆個別にフォルダーを設けるほどでない単発の文書は，「雑」フォルダーにまとめている。

◆重要な文書は，誤って消去したときに備え，ＵＳＢメモリーにバックアップを取っている。

②**顧客台帳に設ける項目（自動車販売店の場合）**

◆顧客の氏名・住所・電話番号

◆顧客の生年月日・職業・趣味

◆家族構成

◆購入車名・購入年月日

◆次回の車検の時期

確認事項

①『ガイド3』の「事例研究②」と「事例解説」から，情報整理についての基礎知識を確認しておいてください。名刺整理の大切さを解説しています。

②『ガイド3』の「要点整理」＜情報の整理について，基礎的な知識がある＞から，①情報の整理，②情報の整理は，情報の共有化につながる，を確認してください。皆で情報を共有して初めて仕事ができる，その心得を解説しています。

③『ガイド3』の「要点整理」＜出題の視点＞から，①カタログの整理，

新聞，雑誌の整理，③書類や資料の取り扱い，について確認してください。具体的な情報整理の仕方です（3級のバリエーションとして出題される場合もある）。

④『ガイド3』のコラム「情報の整理」（p.212）を再読してください。**「探し物は最初に探す場所に必ずあるが、最初に探したときには見つけられない」という『マーフィーの法則』（アスキー出版局）**を紹介しています。

Column

情報の整理

記憶と記録

　松田公太さんは「どんなに小さなものに見える仕事も、それを軽んじることなく懸命にやる人は、いつの間にか大きな仕事がやれるようになる」（『仕事は5年でやめなさい。』サンマーク出版）．そう語っています。そのケースにはいろいろありますが，ここでは，「記憶力に頼らずにメモ（記録）を取る」ことの意味について，泉正人さん（日本ファイナンシャルアカデミー株式会社代表取締役社長）からの提案を紹介しましょう。情報の整理（記録）です。

　人は1日のあいだに話した内容について、翌日になると9割忘れていると言われます。頭の中には、1割しか残っていないというわけです。
　「仕組み」仕事術では、記憶力に頼らずに、PCや手帳などを活用して、「外部記憶の仕組み」をつくることをお勧めします。「記憶より記録」というわけです。
　人の記憶力は、どう頑張ってもコンピュータには勝てないのです。だったら自分の頭は、「覚えること」に使うよりも、「考えること」に使ったほうがいいと私は思います。
（泉正人著『「仕組み」仕事術』ディスカヴァー・トゥエンティワン）

　些細なことでも丁寧にきちんとこなす。このひた向きさが，ビジネスマンとしてのあなたの明日をつくります。そして，この**蓄積があなたの仕事の仕方をより確実なものにする**でしょう。
　そのためにも，記憶力を過信しないで小まめにメモを取る。その後，文書化（PCに保管）しておく。これが大切だということです。**「不確かな記憶を無理に引っ張り出したり、いちいちそのたびに誰かに確認したりする必要がない」**（前掲書）ように。

●

記憶力に裏切られないように

　そういえば，「わたしは極端に物覚えがわるい」。そう嘆いている人

がいました。モンテーニュです。

　わたしは極端に物覚えがわるい。これはまだ読んだことがないぞ、新しい本だなと思って手にしたところ、その数年前に、いろいろと書き込みまでして丹念に読んだ本だったということが、何度もある。で、こんな記憶力に裏切られないように、しばらく前からどのような方策を講じているかといえば、書物の終わりに―― 一度しかよむつもりのない本についての話である――、読了した日付と、おおまかな読後感を書き留めている。そうすればあとから、その本を読みながら、著者について、どのようなイメージを描き、どんな印象をいだいたのかぐらいは思い出せると考えてのことだ。

　　　　　＊モンテーニュはフランスの思想家(モラリスト)。
　（ミシェル・ド・モンテーニュ著／宮下志朗訳『エセー３』白水社）

3 情報の伝達ができる

　情報を**収集**し，**整理**をする。そして，この情報が顧客に喜ばれたとき，初めて顧客との良好な関係を築くことができます。**伝達**です。すると，これが事業貢献へとつながっていきます。そんな一例を，次の事例から検討してみましょう。

事例研究③　情報の伝達ができる　　　　　　　　case study

　営業課の栗原路子は先輩から，顧客とよりよい関係を保つには，お互いに情報を交換する習慣を持つのがよいと教えられた。次はそのとき先輩が，自分が行っている例として挙げたことである。中から<u>不適当</u>と思われるものを一つ選びなさい。

(1)　顧客から，業界の新しい動きを聞いたときは顧客から聞いた話だと言って係長に伝えている。
(2)　インターネットで顧客に役立つ情報を見つけたら，そのページのアドレスを顧客に知らせている。
(3)　業界紙に顧客に役立つ情報があったときは切り抜いておき，たまったらまとめて顧客に渡している。
(4)　新聞の娯楽面にも目を通し，仕事以外のことでも，顧客の趣味に役立つものがあったら知らせている。
(5)　顧客と世間話をしていてこれはという情報があったときは，社内の関係者に伝え，顧客には礼を言っている。

事例解説　　　　　　　　　　　　　　　　　　instructions

　不適当な選択肢は(3)になりますが，いかがでしたでしょうか。
　情報を仕事に生かすにはその情報が新鮮であることが重要です。顧客のために業界紙から役立つ情報を切り抜くことはよいのですが，切り抜いてためておけば，その間に情報は古くなってしまいます。古くなった情報は役に立たない。そういうわけです。
　なお，この事例研究③は，情報の収集と整理，そして伝達の総合問題でもありますので，ここでその一連の流れを確認しておきましょう。

選択肢(1)は，情報収集と上司へのスピーディーな伝達。これは今後の事業活動に関わる重要な情報かもしれない，まずは一刻も早くということです。**選択肢(2)と(4)**は，常に顧客のことを考えていればこそできる情報収集と整理，伝達です。**選択肢(5)**は，情報の共有です。伝達することの第一義です。そしてその情報が役立ったお礼を顧客に伝える。これはとても**大切なビジネスマナー**でしょう。顧客もきっと喜ぶはずです。「私の情報が役に立った」と。

> ＊選択肢(5)で注意したいこと。それは「おかげさまで」の精神を忘れないでお礼を言うこと（自分の手柄話にしない）。そしてもう一つ，何げない世間話からも情報は得られるということ。大切なコミュニケーションの一つだ。

要点整理　　　　　　　　　　　　　　　　　　　　the main point

■ 情報の伝達ができる

伝達の目的は情報の共有化と知恵の創造にある

私たちは得た情報を整理し，チームのメンバーに伝達します。共有です。そしてここからが本当の仕事が始まります。ビジネスパーソンが**「最終的に知りたいのは、『現在抱えている問題を解決するための方法』、つまり『ソリューション』だ」**（野口悠紀雄著『超「超」整理法』講談社）からです。その課題には，これからの営業の仕方，顧客とのコミュニケーションの在り方，事業目的を達成するためのマーケティング手法，そして社会貢献の方法など数多くあります。それを，得た情報に基づいてチームで検討していくわけです。**知恵の結集**です。**知恵の創造**です。

> ＊「ウェブの発想として、『Wisdom of Crowds（衆人の知恵）』という考え方があります。多くの人が集まって知恵を出し合い、助け合うと知恵が生まれるという考え方です」（『効率が10倍アップする新・知的生産術』）。そしてこれが，グーグルの発想であるそうだ。協働精神とでもいえようか。

■ 出題の視点

検定問題では，事例研究③「情報伝達」を中心に出題されています。再確認しておいてください。

＊「③情報の伝達」は，事例研究①と②で検討した内容と連動している。
情報サイクルである。改めて，確認のこと。

確認事項

① 『ガイド3』の「事例研究③」と「事例解説」から，情報伝達についての基礎知識を確認しておいてください。情報は誠実に，そして，迅速に正確に伝えることの重要性を解説しています。

② 『ガイド3』の「要点整理」＜情報の伝達について，基礎的な知識がある＞から，①情報のサイクル，②情報の共有化，を確認してください。価値ある情報を提供（伝達）するための基本を解説しています。

③ 『ガイド3』の「要点整理」＜出題の視点＞から，情報伝達の在り方を確認してください。3級のバリエーションとして出題される場合もあるので，その基本は確実に押さえておいてください。

④ 『ガイド3』のコラム「情報の伝達」（p.217）を再読してください。**野口悠紀雄さん**の**『超「超」整理法』（講談社）**から，配慮ある伝達の仕方を紹介しています。

＊また，野口さんは「これからの知的作業は『検索力』によって差がつく時代になった」とも語っている。「検索力」とは，インターネットから情報を収集するとき，キーワードを使って調べるスキルである。特に，漠然としたイメージから情報を検索するとき，この能力は大いに発揮されるという。言葉のセンスが求められるスキルである。

② 文書

- ① 基本的な文書が作成できる。
- ② 一般的な文書の取り扱いができる。

1 基本的な文書が作成できる

　ビジネス文書は，謝るときは謝るときなりの言葉で，感謝するときに感謝するときなりの言葉で書き表していきます。そしてこの言葉遣いは，相手を不快にさせない洗練されたものになっています。その一つが慣用の手紙用語です。

　では，その手紙用語を次の事例から検討してみましょう。文書の形式（書式）にかなった言葉遣いのケーススタディーです。

事例研究① 　基本的な文書が作成できる　　　case study

　次は，坂口祐輔が，取引先に出す文書に書いた言葉である。中から<u>不適当</u>と思われるものを一つ選びなさい。

- (1)　出席してくれればとてもありがたいと言うとき
　　　「ご出席くだされば幸甚に存じます」
- (2)　さらに一生懸命仕事に励むつもりと言うとき
　　　「さらに精励いたす所存でございます」
- (3)　申し訳ない，心からおわびを言うとき
　　　「誠に申し訳なく，衷心よりおわび申し上げます」
- (4)　よい品を贈ってくれてありがとうと言うとき
　　　「結構なお品をご恵贈賜り，厚く御礼申し上げます」
- (5)　カタログを送ったので見てもらいたいと言うとき
　　　「カタログをお送りいたしましたので，ご高見くださいませ」

事例解説　　　　　　　　　　　　　　　instructions

　不適当な選択肢は(5)になりますが，いかがでしたか。

　では，どこが不適切か。「ご高見」です。ご高見は相手の意見の尊敬語。

この場合は見てもらいたいと言うのだから言葉遣いが違うというわけです。適切に言い表すと「ご高覧」になります。

> ＊高見は，優れた意見ということ。「部長のご高見を承りたい」などと使う。

では，事例研究①で使われている慣用表現を，改めて見てみましょう。

選択肢(1)「幸甚（この上もない幸せ。大変ありがたい）」
選択肢(2)「精励（精を出して努め励む）」と「所存（考え）」
選択肢(3)「衷心（心の底から）」
選択肢(4)「ご恵贈（贈ってくれた人に感謝する言葉）」

これが慣用の手紙用語の一例です。この言葉遣いによって，格式のある文書作成の第一歩を踏み出すことができます。

> ＊文書の形式（書式）については，『ガイド３』（p.218）を参照のこと。

要点整理　the main point

基本的な文書が作成できる

1 文書作成の基本

ビジネス文書には，形式（書式）があります。そして文書の作成は，この形式に従い慣用語や手紙用語を適切に用いながら書き表していきます。これが文書作成の基本です。

そういえば，三島由紀夫の書いた文書が徹底的に添削されたことがあったそうです。大蔵省（現財務省）に勤務していたころの話です。

> 私の経験ですが、大蔵省に勤務していたころに、大臣の演説の草稿を書かされて大変難儀をしたことがあります。私はごく文学的な講演の草稿を書いたのでありますが、それははなはだしく大臣の威信を傷つけるものでありました。課長は私の文章を下手だと言い、私の上役の事務官が根本的にそれを改訂しました。その結果できた文章は、私が感心するほど名文でありました。それには口語文でありながら、なおかつ、紋切り型の表現の成果が輝いておりました。そこではすべてが、感情や個性的なものから離れ、心の琴線に触れるような言葉は注意深く削除され、一定の地位にある人間が不特定多数の人々に話す独

199

特の文体で綴られていたのであります。

（三島由紀夫著『文章読本』中公文庫）

　ビジネス文書の**形式（書式）**や紋切り型の表現は洗練された知恵の結晶です。だからこそ，**適切な言葉を選んで作成**していかなければならないのです。出題の意図もここにあります。

> ＊ビジネス文書は，「大勢の人に一度に伝えることができる」（『ガイド３』p.218）ものでなければならない。従って，その書き表し方は，全ての受信者に誤解のないようにしないといけない。謝るときは，「誠に申し訳なく，衷心よりおわび申し上げます」と，謝るときなりの言い方（決まり文句）があるというわけだ。これを形式的な言い方だと決め付けてはいけない。長い時間をかけて洗練された「紋切り型の表現の成果」なのだから。そしてこれが伝統。

２ 時候の挨拶

　手紙の慣用語として，時候の挨拶があります。「拝啓　**初春の候**，ますますご清祥のこととお喜び申し上げます」などと使います。ここでは，その挨拶の言葉を月別に見てみましょう。

1月	初春の候，大寒の候，厳寒の候，明けましておめでとうございます
2月	晩冬の候，余寒の候，寒さ厳しゅうございますが
3月	早春の候，春寒の候，日増しに暖かになりましたが
4月	陽春の候，晩春の候，よい季節になりましたが
5月	新緑の候，薫風の候，青葉薫る頃となりましたが
6月	初夏の候，向暑の候，梅雨の候，うっとうしい季節になりましたが
7月	盛夏の候，猛暑の候，急に暑さが加わってまいりましたが
8月	残暑の候（立秋後）
9月	初秋の候，新秋の候，残暑が厳しゅうございますが
10月	秋色の候，秋冷の候，秋晴の候，清涼の候，しのぎよい季節になりましたが
11月	晩秋の候，霜降の候，寒さが日ごとに加わってまいりましたが
12月	初冬の候，寒冷の候，歳晩の候（年末），暮れも押し詰まってまいりましたが

＊主に社交文で用いられる。

＊「拝啓　時下ますますご清祥のこととお喜び申し上げます」という書き
表し方もある。「時下」とは，「この頃」という意味で，季節を問わず使
うことができる。

3 その他の慣用語

手紙の中で使われる慣用語の役割は，**「普段の言葉遣いを改め，不特定
多数の顧客に満遍なく敬意を表す」** ことにあります。これによって，**格式
を重んじた独特の手紙文**に仕上がっていくからです。次にそれを見てみま
しょう。

ご健勝・ご清祥・ご清栄	あなたが健康で無事に暮らしていることを喜んでいます（個人宛ての手紙の場合に使う）	ますます**ご健勝**（**ご清祥**・**ご清栄**）のこととお喜び申し上げます。
懇情・厚情・芳情・厚志・厚意	親切な気持ち，思いやりの心。挨拶状などでよく使われる。	平素（日頃）は格別の**ご懇情**を賜り，誠にありがとう存じます。
多忙中・繁忙中	忙しいところ。	先般は，**ご多忙中**にも関わりませず，ご引見くださいまして，誠にありがとうございます。 「先般」（このあいだ）も手紙でよく使われる。
万障お繰り合わせの上	招待状などでよく使われる言葉。「何かと差し障りがあるかもしれませんが，やりくりして都合を付けてください」の意味。	**万障お繰り合わせの上**，ご出席を賜りますようお願い申し上げます。
旧に倍する	挨拶状でよく使われる。「今まで以上によろしく」の意味。	**旧に倍する**ご指導ご支援のほど，お願い申し上げます。
引見・面会	紹介状での常用語。「面会してください（会ってください）」と述べるとき使う。	**ご引見**のほど，よろしくお願い申し上げます。 **ご面会**を賜りますよう，お願い申し上げます。

放念・休心・放心 （ほうねん・きゅうしん・ほうしん）	相手に対し，「どうぞ，当方のことは，気にかけないでください」と述べるとき使う。	他事ながら，**ご放念**ください。 「他事ながら」は，「あなたには関係ないことですが」の意味。
一意専心 （いちいせんしん）	あることに集中し，一生懸命になること。	**一意専心**社業に精励いたす所存でございます。
鋭意 （えいい）	一生懸命努力すること。	**鋭意**努力いたす所存でございます。
小宴 （しょうえん）	自分側が催す宴会の謙譲語。	落成披露の**小宴**を開催いたしたいと存じます。
粗飯・粗餐 （そはん・そさん）	人に勧める食事の謙譲語。	**粗飯（粗餐）**を差し上げたく存じます。
自愛 （じあい）	自分自身を大切にする。	**ご自愛**のほど，お祈り申し上げます。 時節柄**ご自愛**くださいませ。
拝承 （はいしょう）	「聞く，承知する」の謙譲語。	ご依頼の件，まさに**拝承**いたしました。
貴意 （きい）	相手の意向の尊敬語。	遺憾（いかん）ながら，**貴意**に沿えかねます。
微意 （びい）	自分の意向の謙譲語。	**微意**おくみ取りの上，何とぞよろしくお願いいたします。 感謝の**微意**を表したく存じます。
照会 （しょうかい）	問い合わせ。	〈問い合わせするとき〉 Ｋ製品につきまして，**ご照会**申し上げます。 〈返信のとき〉 **ご照会**くださいましたＫ製品につきまして**ご回答**申し上げます。
かたがた	〜のついでに 〜を兼ねて	まずは，おわび**かたがた**お願い申し上げます。

202

4 自他の呼び方

　ビジネス文書では，自分のことを述べる場合と相手のことを述べる場合に，特別な書き方をするものがあります。次にそれを見てみましょう。**尊敬（相手側）と謙遜（自分側）**の関係です。

	自分側	相手側
会社	当社（当店），わが社，小社，弊社	貴社（貴店），御社
銀行	当行，小行，弊行	貴行，貴店，御行
手紙	手紙，はがき，寸書，書面	お手紙，おはがき，貴簡，ご書状，ご書簡，貴書
意見	私見，愚見，愚考	貴見，ご意見，ご高見，ご高説，ご卓見，ご見識
配慮	微意，微思，	ご配慮，ご高配，ご芳情，ご芳志，ご厚情，ご尽力
物品	寸志，粗品，粗菓，粗酒	結構なお品，ご厚意のお品，ご厚志，美菓，美酒，佳品
料理	粗肴（粗末な酒のさかな）	佳肴
住所	当所，当地，当地方	貴地，御地，貴地方
住宅	拙宅，小宅，当方	貴家，貴邸
父	父，老父，	ご尊父様，ご賢父様，ご厳父様
母	母，老母	ご尊母様，ご母堂様，ご賢母様
夫の父	父，義父，舅，	お舅様，お父上様
夫の母	母，義母，姑	お姑様，お母上様
妻の父	岳父，外父，義父，	ご岳父様，ご外父様
妻の母	外母，義母，丈母，岳母	ご外母様，ご丈母様，ご岳母様
夫	夫，主人，○○（姓か名）	ご主人様，ご夫君様，○○様（姓）
妻	妻，家内，○○（名）	奥様，奥方様，ご令室様，ご内室様
息子	息子，愚息，長男（次男など），○○（名）	ご令息様，ご子息様，○○様（名）
娘	娘，長女（次女など），○○（名）	お嬢様，ご令嬢様，ご息女様，○○様（名）
家族	私ども，家内一同，家族一同	ご一同様，ご家族様

■ 出題の視点

　検定問題では，事例研究①の手紙用語や慣用語の他，同音異義語を中心に出題されています。ともに文書作成の基本です。ここではその一例を紹介しておきましょう。

　　　　　　＊敬語の使い方も意識しておくこと。

同音異義語

- ◆「価格の改訂」の改訂は「改定」にする。
- ◆「営業部へ移動」の移動は「異動」にする。
- ◆「経費の清算」の清算は「精算」にする。
- ◆「原価償却」の原価は「減価」にする。
- ◆「移転のため事務所の現状回復工事をした」の現状は「原状」にする。
- ◆「貸借対称表」の対称は「対照」にする。
- ◆「製造ラインをフル可動」の可動は「稼働」にする。
- ◆「取引先との交渉が難行する」の難行は「難航」にする。
- ◆「人事効果」の効果は「考課」にする。
- ◆「子会社に出講」の出講は「出向」にする。
- ◆「計上利益」の計上は「経常」にする。

■ 確認事項

① 『ガイド3』の「事例研究①」と「事例解説」から，**文書を作成する上での基本**を確認しておいてください。

② 『ガイド3』の「要点整理」＜文書の作成について，初歩的な知識がある＞から，①社内文書，②社外文書，の書き表し方の基本を確認してください。2級では，記述問題として出題されています。

　　　＊「慣用の手紙用語」は，本書で紹介した用語とともに覚えておくこと。組み合わされて出題される場合もあるからである。

　　　＊一般的な社外文書の形式は，『ガイド3』（p.221）に掲載してあるが，この形式の通りに書いてはいけない文書がある。「病気の見舞状」や「災害への見舞状」などである。なお，これについては，本章のコラム「手紙を受け取り読んでみたら」を参照のこと。

③ 『ガイド3』の「要点整理」＜出題の視点＞から，①社内文の一般的な

書式，②受信者名とその敬称（社内文書），③受信者名とその敬称（社外文書），④グラフの書き表し方，⑤社外での研修受講報告書に書くべき内容（項目），を確認してください。3級のバリエーションとして出題される場合もあるので，その基本は確実に押さえておいてください。

> ＊顧客の名刺に印刷されている「眞」や「將」などは，「真」「将」などと新字体で書かずにそのまま旧字体で書くこと。受信者名を入力するときの注意点である。

④『ガイド3』のコラム「ビジネス文書とEメール」（p.229）を再読してください。その書き表し方の違いを解説しています。

⑤『ガイド3』のリファレンス①「メールの構成とレイアウト」（p.230）から，①件名，②受信者名，③本文の書き表し方，④署名の添付，を確認しておいてください。

⑥『ガイド3』のリファレンス②「社内メールを送信するときの配慮」（p.232）を確認しておいてください。**「簡潔で、正確で、しかも受信者を不快にさせない」（村上龍著『eメールの達人になる』集英社新書）**書き表し方を紹介しています。

2 一般的な文書の取り扱いができる

　一般的な文書の取り扱いができるということは，それぞれの文書の役割（意味）を知っているということです。

　では，一般的な文書にはどのようなものがあって，それはどのような目的で発信されているのでしょうか。次にその事例を見てみましょう。

事例研究② 一般的な文書の取り扱いができる　　　case study

　次は，販売課の白石由美子が最近行ったことである。中から不適当と思われるものを一つ選びなさい。

(1)　新製品の詳細について「照会状」で問い合わせがあったので，「回答状」で答えた。

(2)　見積もりの内容を得意先が承知し「注文書」を送ってきたので，「請け書」を出した。

(3)　約束の期限に代金の支払いがなかったので，新しい期限を書いた「督促状」を送った。

(4)　新しく担当する取引先を訪問するとき，前任者に「紹介状」を書いてもらい持参した。

(5)　注文品の納期に間違いがあり得意先に迷惑をかけたので，「始末書」を書いて上司に提出した。

事例解説　　　instructions

　不適当な選択肢は(4)になりますが，いかがでしたか。

　担当者の交代に伴い取引先を訪問する際は，前任者とともに出かける場合と新担当者だけであいさつに出向く場合とがあります。このケースは新担当者だけの訪問です。そしてこのようなケースのとき，紹介状は不要です。取引先には，「今度，新しく担当になりました○○でございます」と，丁寧に自己紹介すればそれで十分だからです。必要なら前任者に電話をしてもらうなどで済むことでしょう。

　　　　＊一般的に紹介状とは，自分の知り合いの人や会社を，よその人に引き合わせるためのものである。例えば，「Ａ社の○○氏をご紹介申し上げま

す。御社との取引を以前から強く願っていたとのことなので，ここにご紹介いたす次第でございます」などというようなときに使われる。

＊「請け書」とは，注文などを引き受けた証拠に出す文書。

■ 一般的な文書の取り扱いができる

1 文書の取り扱いは慎重にする

文書の役割（意味）を知るということは，それぞれの文書を適切に取り扱うことができるということです。それぞれの文書の取り扱いに対して慎重になるということです。なぜなら，回答状や請け書，督促状などは，事業の売り上げに直結する重要な文書だからです。だからこそビジネスマンは文書を取り扱うとき，「目的にかなった文書か」「その内容は全ての条件を満たしているか」「用紙は丁寧に折って封緘したか」など，微に入り細に入りチェックを行います。一つの落ち度もないように。そして出題の意図もここにあります。

＊文書は，会社にとって一つ一つ重要なもの。だからこそ，取り扱いに慎重になるわけだ。ビジネスマンの常識である。

＊自社の責任者名や押印，同封物の確認だけでなく，受信者名（宛て名）などの確認も大切。

＊また，文書を受け取ったときの取り扱い，例えば開封の仕方にも丁寧さが求められる。

2 その他の文書

では，ここでその他の文書について，幾つか紹介しておきましょう。その意味と重要性を確認してください。

誓約書	会社等で決められた規則などを，固く守ると約束する文書。	入社誓約書など。 社会人としての道義的責任が求められている。道徳心である。
委任状	ある人に，特定の事務処理を委託したことを記載する文書。	株主総会の委任状など。 その人に任せたのだから，その結果についてはとやかく言わないという不文律がある。社会人としての良識。

始末書	過失や事故を起こしたとき，上司に報告する文書。	営業中の交通事故など。 会社の信用や名誉を失墜させたとき，言い訳などせずに過失を認めてわび，二度とこのようなことはしないと誓いを立てる。この誓い（反省）の下に今後の仕事がある。
念　書	後日の証拠として，念のために書いて相手に渡す文書。	売買契約の念書など。 互いに信頼や期待を裏切らない（不利益を被らない）ためのもの。信義誠実の原則である。契約書も同じこと。
稟議書	上司に伺いを立て，決裁を得る文書。伺い書，起案書，決裁書などともいう。	パソコン購入のための稟議書など。 決裁を得るということは，組織の秩序（序列）を守るということ。常に会社の存在が前提にあってのこと。
明細書	省略しないで，細かい点まで詳しく書き出した文書。	経費明細書など。 経費は事業活動にとって必要不可欠のもの。だからこそ，何をどのくらい使ったかを明確にしておかなければならない。コスト管理である。
引継書	異動や退職時に，後任者に仕事を引き継ぐために作成する文書。	業務引継書など。 部門や会社に迷惑を掛けないための文書。

＊『ガイド3』の「封書」（p.236）と「証票」（p.241）とを併せて確認のこと。

出題の視点

検定問題では，事例研究②の「一般的な文書の取り扱い」のほか，郵便に関するものなどが出題されています。それを，次の事例から確認しておいてください。

＊証票などの用語については，記述形式で出題される場合もある。確実に覚えておくこと。

①郵便物

◆郵便物を10通以上同時に出すときは，切手を貼る手間が省けるので「料金別納」が便利である。

◆「ゆうメール」を出すときは，ポストに入る大きさなら，わざわざ

郵便局に持っていく必要はない。

◆誕生日のメッセージカードなどは，その日に配達してもらえるように「配達日指定」の郵便にするとよい。

◆重要書類を郵送するときは，「簡易書留」にすると，郵便局に出したときと配達されたときの記録が残せるので安心である。

　　＊契約書などである。

②宅配便

A社人事課の多岐川が，Mホテルに会社説明会の資料を送るとき

◆荷物はMホテルの人に受け取ってもらうが，自分たちの荷物なので「元払い」とする。

　　＊決して「着払い」にはしないということ。

◆宛て名は「Mホテル気付A社人事課　多岐川」とする。

◆依頼主名は「A社人事課　多岐川」とし，品名は「書類（○月○日使用）」とする。

◆希望配達日は，説明会の前日にする。

◆前日の夕方に，荷物が届いているかをMホテルに電話で確認する。

③電子メール

◆メールを送信した後は，「送信済み」のフォルダーを確認し，メールがスムーズに送られたかを確かめること。

◆大事な用件でメールを送ったときは，その相手に電話などで知らせておけば，届いているかの確認にもなってよい。

◆メールが届いても内容によりすぐに返事ができないときは，受信したことと後で返事することだけでも返信しておくとよい。

④前任のS営業所長宛ての文書

取引先から社屋移転の通知状が届いたとき

◆S所長は営業所長だったのだから，現在の営業所長に渡す。

なじみの飲食店から暑中見舞いのはがきが届いたとき

◆S所長の転勤先へ転送する。

　　＊プライベートでひいきにしていた店なのだから，破棄などしないこと。

― 確認事項

①『ガイド3』の「事例研究②」と「事例解説」から，**文書の取り扱いに**

ついての基本を確認しておいてください。

② 『ガイド3』の「要点整理」＜文書の取り扱いについて，基礎的な知識がある＞から，①封書，②はがき，③メール，の基本を確認してください。本書の「要点整理」とともに重要な箇所です。

　　　　＊メールについては，『ガイド3』で説明したＣＣの他，ＢＣＣ（ブラインドカーボンコピー）の扱いも重要。特に多くの顧客に商品情報などを送る場合，他の顧客のメールアドレスは表示されないＢＣＣを活用する。顧客同士は全くの他人なのだから，プライバシー保護の観点からも，これはとても大切なことだ。

　　　　†誤送信も注意しておきたい一つ。

③ 『ガイド3』の「要点整理」＜出題の視点＞から，①受信事務，②発信事務，③証票，④重要書類の取り扱い，を確認しておいてください。3級のバリエーションとして出題される場合もありますので，その基本は確実に押さえておいてください。

④ 『ガイド3』のコラム「メールの返信と転送」を再読してください。**「返信や転送をするときのちょっとした気遣い」，ヒューマンスキル**を紹介しています。

　　　　＊このコラムは，神舘和典さんの『「メール好感度」を格段に上げる技術』（新潮新書）からのもの。参考にしてください。

Column

手紙を受け取り読んでみたら

琴線に触れる言葉遣い

　茨木のり子さんの詩に、「笑う能力」というものがあります。その一部を紹介しましょう。こんな詩です。

　「先生　お元気ですか
　我が家の姉もそろそろ色づいてまいりました」
　他家の姉が色づいたとて知ったことか
　手紙を受けとった教授は
　柿の書き間違いと気づくまで何秒くらいかかったか

　「次の会にはぜひお越しください
　枯れ木も山の賑わいですから」
　おっとっと　それは老人の謙譲語で
　若者が年上のひとを誘う言葉ではない

（茨木のり子『倚りかからず』筑摩書房）

　ところで、あなたが病気で入院したとき、次のような見舞いの手紙をもらったらどうでしょうか。

拝啓　時下ますますご清祥のこととお喜び申し上げます。
**　ご病気で入院されたと伺いました。お加減はいかがでしょうか。**
お見舞い申し上げます。

　何をかいわんや、でしょう。
　入院の見舞状に時候の挨拶は要りません。ちっとも「ご清祥」ではないのですから。もちろん、このままでは茨木さんにも叱られてしまうでしょう。
　ではどう書くか。こう書きます。

このほど，ご病気ご入院と承り，大変驚きました。その後のご病状はいかがでございましょうか。お見舞い申し上げます。

　何はさておき，「入院したことをとても心配しています」と，まずその見舞いの心を伝えるのです。そしてこれが見舞状です。
　　　　　＊台風や火災，災害への見舞状なども時候の挨拶は不要。

●

　やはり言葉は慎重に，そして丁寧に扱うということなのでしょう。もちろん，手紙の形式にも気を配りながら。そう，相手に要らぬ負担や不快な思いをさせないためにも，このことはとても大切なことでしょう。

③ 会議

① 会議について，一般的な知識がある。
② 会議の運営について，基礎的な知識がある。

1 会議について，一般的な知識がある

『ガイド3』（p.244）では，事情があって会議に遅れたときのマナーを見てきました。では，会議を中座するときには，どのようなマナーが必要でしょうか。ここではそのケースを検討してみましょう。

事例研究① 会議について，一般的な知識がある   case study

清水ゆり子が部内会議に出席しようとしたところ，急な来客予定が入った。そのため会議は中座することになるが，その会議に戻れるかどうか分からない。次はそのとき清水が，会議の出席から中座まで行ったことである。中から不適当と思われるものを一つ選びなさい。

(1) 会議の始まる前に，来客のため中座することとその後戻れないかもしれないことを進行役に伝えた。
(2) 来客を知らせるメモを受け取ったとき，発言中の人がいたので，すぐに立たず終わるまで待った。
(3) 席を立つとき，テーブル上の会議資料は全部まとめて持った。
(4) テーブルを離れるとき，来客のため失礼しますと周りに告げた。
(5) 会議室を出るときは，室内に向かって軽く会釈をするだけにした。

事例解説   instructions

不適当な選択肢は(4)になりますが，どうでしたか。

会議などの場合途中で退席するときは，周囲には何も言わず黙ってその場を離れてもよいことになっています。あいさつなどをすればそれに応じる人がいて，会議の雰囲気を壊すことにもなるからです。

ただそれをするには，事前に進行役に断っておくことが前提です。それが**選択肢(1)**になります。

＊なお選択肢 (1) で，「その後戻れないかもしれない」と伝えることも重要。司会者は，そのつもりで会議を進行することができるからだ。

会議について，一般的な知識がある

会議の場でのマナー

　会議の最中，来客を知らせるメモを受け取ったとき，発言中の人がいた。さて，どうするか。発言が終わるまで待つことです。**発言者への配慮**です。その事例が**選択肢(2)**です。そしてこのとき，発言を最後まで聞く，必要ならメモを取る，という態度は重要でしょう。何より，ここは会議の場なのですから。

　発言が終わったら，席を立ちますが，会議資料は全て持って退室します。来客での中座は，ちょっと席を立つのと違って時間を要することだからです。これが**選択肢(3)**のケースです。そして退室の際は，**選択肢(5)**のように室内に向かって会釈をします。「大事な会議を中座して申し訳ない」との思いを込めて。これが礼儀です。

　いかがでしょうか。**「最初に配慮ありき」**。これが**会議の場でのヒューマンスキル**であり，出題の意図でもあります。

　　　　＊来客を知らせるメモを受け取ったとき，すぐに席を立つ人がいる。ここは会議の場であることを忘れているからだが，何より自分本位でしかない。

出題の視点

　検定問題では，事例研究①のほか，「会議に出席する際の心得」や「議事録を作成する際の記載事項」などが出題されています。それを，次の事例から確認しておきましょう。

1 会議の出席に関して心がけていること

◆会議が終了予定時刻に終わらず長引いても，後の仕事に差支えがないようにしてから出席している。

◆議題を見て内容に疑問を感じたときは，事前に提案者に提案理由を聞くようにしている。

◆議題を見て必要とされそうな資料があるときは，それを持って会議に

出席するようにしている。

◆会議の決定事項で自分に関係あることは，すぐに実行に移せるような準備をするようにしている。

◆長くなりそうな報告をするときは，詳細は資料にして配布し，要点だけを簡潔に報告するようにしている。

◆会議では前に発言した人と同じ内容を繰り返して言う人がいるが，そうであっても最後まで聞くようにしている。

◆会議に出席していないメンバーにも知らせておいた方がよい情報は，社内メールで知らせるようにしている。

2 議事録を作成する際の記載事項

◆日時・場所（第一会議室など）

◆議題

◆決定事項

◆未決事項とその理由

◆出席者名

◆議長（司会者）名

◆次回の開催予定日時

確認事項

① 『ガイド3』の「事例研究①」と「事例解説」から，会議に出席するときの心得（基礎知識）を確認しておいてください。

② 『ガイド3』の「要点整理」＜会議について，基礎的な知識がある＞から，①会議の目的を理解する，②会議で一番大切にしたいこと，の二つを確認してください。会議の場におけるヒューマンスキルの基本を解説しています。**「最初に配慮ありき」**です。

③ 『ガイド3』の「要点整理」＜出題の視点＞から，①会議に出席する際の基本マインド（会議に出席するまでの準備，入室時のマナー，会議での基本心得，聞き方の基本，発言するときの心得），②会議に関する用語（議題，議事，議事録，書記，議長，定例会議），③会議室での席次，を確認しておいてください。3級のバリエーションとして出題される場合もありますので，その基本は確実に押さえておいてください。

2 会議の運営について，基礎的な知識がある

　議長は，会議を効率的に運営していくために重要な役割と責任とを担っています。では，議長に与えられた重要な役割と責任とは何でしょうか。それを次の事例から検討してみましょう。

事例研究②　会議の運営について，基礎的な知識がある　　case study

　次は総務課の渡部拓馬が，月例課内会議の進行役を担当したときに行ったことである。中から不適当と思われるものを一つ選びなさい。

(1)　自分は進行役なので，自分あての電話は取り次がないように頼んでおいた。
(2)　前回からの継続議題があったので，討議の前に前回の経過を簡単に説明した。
(3)　遅刻してきた同僚には後で注意することにして，その場では何も言わなかった。
(4)　意見が出なくなったとき，自分の意見を述べて，それについての意見を出席者に尋ねた。
(5)　決議の後でも納得せずに主張を曲げない先輩に，次の議題に移ると言ってそれ以上取り合わなかった。

事例解説　　　　　　　　　　　　　　　　　　　instructions

　不適当な選択肢は(4)になりますが，どうでしたか。
　進行役とは議事進行の責任者。いわば会議の議長です。自分の意見を言えば，公平な進行をつかさどるという役割を果たせなくなるので，原則として立場は中立でなければならないでしょう。従って，自分の意見を述べて出席者に尋ねたなどは，立場をわきまえていないということになります。

要点整理

会議の運営について，基礎的な知識がある

議長の役割と責任

　議長の役割と責任で最も重要なこと。それは，**選択肢(5)**に見られるようなケースです。相手が先輩であっても関係ありません。決定事項なのです。議長は議長としての役割に従い，「決議事項です。次の議題に移ります」と臆することなく，毅然とした態度で臨みます。これが議長としての
<ruby>き<rt>き</rt></ruby>役割と責任です。そしてこの真摯な態度によって，会議は効率よく進みます。何より議長は，**議事進行の最高責任者**なのですから。出題の意図もここにあります。

> ＊自分の主張を譲らない人がいて意見がまとまらなかった場合，「多数決で決めさせてもらう」と言うこともできる。

　もちろん，この他にも議事進行をスムーズにするための対応が幾つかあります。それが**選択肢(1)**であり，**選択肢(3)**の対応です。そして，**選択肢(2)**の継続議題の説明も重要です。その後の討議を円滑にさせるために，前回の経過を説明する必要があるのです。参加者への配慮と会議進行の効率を考えてのことです。

出題の視点

　検定問題では，事例研究②の「会議の運営」を中心に出題されています。以下の事例も議事をスムーズに進行するための議長心得です。確認しておいてください。

課内会議の進行で心得ておかなければならないこと

会議の開始

◆まだ会議室に来ていない人がいても，開始時間になったら始めること。

> ＊課長が来ていない場合は課長を待つ。が，その間に課員に様子を見に行ってもらう。

◆会議が予定時間に終了するように，発言時間に注意していて時間配分に気を使うこと。

◆発言が特定の人に集中しないよう，皆に意見を言ってもらうようにす

ること。

> ＊発言のない人は指名するなどして，なるべく出席者全員が意見を言えるように配慮すること。

会議中の発言に対して

◆前回持ち越した議題を最初に審議すること。

◆発言が議題からそれていないかに気を付けていて，それていると思ったらすぐに戻すようにすること。

◆前置きが長くてなかなか本題に入らない人に，「簡潔に願います」ときちんと注意をすること。

◆意見がまとまりそうもないときは，差し支えなければ途中で打ち切って次回に回すようにすること。

> ＊このとき議長は出席者に対して，「この議題は次回に持ち越すがよいか」などと確認する。会議終了時刻になっても議論が終わらなかったときも同様の対応をする。

> ＊ドラッカーは，意見の不一致についてこう語っている。「一つの行動だけが正しく、他の行動はすべて間違っているという仮定からスタートしてはならない。自分は正しく、他の者は間違っているという仮定からスタートしてもならない。ただし、意見の不一致の原因は必ず突き止めなければならない」（『仕事の哲学』）と。議長の心得の一つであろう。

◆他の人と同じ内容のことを，言い方を変えて言った人には「○○さんの意見と同じですね」などと確認すること。

会議の終了時

◆会議終了時には，決定したことや次回へ持ち越しになったこと，次回の開催日などを確認してから終了すること。

> ＊次回への持ち越しのケースには，会議終了時刻になっても議論が終わらなかったときなどがある。このとき議長は出席者に対して，「この議題は次回に持ち越すがよいか」などと確認する。

Column

ファシリテーション

相互理解を図る会議

　会議での議論は，最終的には多数決で決まります。でも，これで否決された意見はどうなるのでしょうか。反対意見を述べた人の気持ちはどうでしょうか。

　ファシリテーションという言葉があります。

　ファシリテーションとは，相互の意見の一致（コンセンサス）を図るためのスキルです。相互理解を深めていくためのスキルと言ってもよいでしょう。そしてこのスキルを身に付けた人のことをファシリテーターと呼んでいます。

　でも，**「参加者の合意を得ながら結論を出す」** ためにはどうしたらよいでしょうか。釘山健一さん（会議ファシリテーター普及協会代表）は，その一つとして **「人の『思い』を受け止めるコミュニケーションスキル」** が必要だと言っています。これで参加者全員の意見を尊重しながら，会議を進行していくというわけです。もちろん，会議の目的（テーマ）をはっきりさせ，議論が議題からそれないようにしていくのは大前提です。

　そうなんです。会議の目的は事業の方向性を検討すること。そして問題解決です。そのための意見は多種多様であってよいわけです。この中からベストの結論が出てくればよいのですから。

　でも実際には，「会議での決定事項には納得できない」と不満が残るケースも多く見掛けます。が，それでは本当の意味での意思統一は図れませんし，実行もおぼつかないでしょう。そう，だからこそのファシリテーションです。**「たくさんの意見が集まり，結論は全員合意，しかも時間厳守。それがファシリテーションの技術」** なのですから。

　そしてこれは，ビジネス実務マナーに裏打ちされたヒューマンスキルでもあるでしょう。今後の重要なテーマです。

> ＊釘山健一著『「会議ファシリテーション」の基本がイチから身につく本』（すばる舎）による。

●

ゆとりのある会議

　会議の運営についてもう一つ。

　それはドラッカーの「ゆとりある話し合いが近道」という言葉です。それを見てみましょう。

　組織内の話し合いはくつろいで行なわなければならないだけに、膨大な時間を必要とする。ゆとりがあると感じられなければならない。それが結局は近道である。
（P．F．ドラッカー著／上田惇生編訳『仕事の哲学』ダイヤモンド社）

　いかがでしょうか。そしてこの言葉は，釘山健一さんの語る「『楽しさ＝自由な雰囲気』を演出することは、参加者の主体性と可能性を引き出すことになり、そのために参加者は自由に発言するようになります」と同じことでしょう。会議の目的の一つもここにあるのですから。
　そして会議を運営するファシリテーターの第一条件は，何より**人柄のよさ**でしょう。自由な雰囲気を演出するためには，とても大切な資質だからです。

>　＊ドラッカーの言葉で重要なこと。それは「ゆとりがあると感じる」ということであろう。そしてこれが，会議で無駄な時間を費やさないということにもつながってくるからだ。

④ 事務機器

> ① 事務機器の機能について，知識がある。

1 事務機器の機能について，知識がある

　事務機器には，パソコンやファクス，プロジェクターなどがありますが，ここでは，パソコンの基本的な機能について見てみましょう。

事例研究① 事務機器の機能について，知識がある　　　　case study

　次は，コンピューターに関する用語とその意味の組み合わせである。中から不適当と思われるものを一つ選びなさい。

(1)　セーブ　　　　　＝データをハードディスクなどに記憶させること。
(2)　アップグレード＝改良された新しいソフトウエアに更新すること。
(3)　エンコード　　　＝データをある特定の形式に変換（符号化）させること。
(4)　シャットダウン＝パソコンやサーバー上で動作しているシステムを停止させること。
(5)　ナムロックキー＝キーボードやマウスの機能を一時的に無効にするためのキーのこと。

事例解説　　　　　　　　　　　　　　　　　　　　instructions

　不適当な選択肢は**(5)**になります。

　「**ナムロックキー**」とは，キーボードの一部を数字キーに利用するための切り替えキーのことです。日常業務でよく使われている言葉なので，特に問題はないでしょう。

222

■ 事務機器の機能について，知識がある

事務機器の機能と目的

　事務機器は，効率よく仕事をするための手段(ツール)です。そして，この効率性はコストの削減や仕事のスピード化などにつながっていきます。意識すべきは**コストと時間**。そして余った時間は，顧客のために有効に使う。出題の意図もここにあります。

■ 出題の視点

　検定問題では，コンピューターに関連する用語を中心に出題されています。それを，以下の一覧表から確認しておきましょう。

1 コンピューター関連の用語

ホスト コンピューター	複数で構成されているコンピューターシステムの中で，処理の中心となるコンピューターのこと。
ログオン	コンピューターに接続して操作を可能にすること。
パスワード	コンピューターの利用者を確認する符号のこと。
インストール	ソフトウエアをハードディスクにコピーし使えるように設定する作業のこと。
Esc キー (エスケープ)	操作を取り消し，元の状態に戻すためのキーのこと。
Enter キー (エンター)	改行をしたり内容を確定する場合に用いるキーのこと。
Tab キー (タブ)	文字入力の際，設定した間隔で字下げを行うなどのためのキーのこと。
Caps Lock キー (キャップス ロック)	英字の大文字，小文字を切り替えるためのキーのこと。
プロパティ	ファイルや周辺装置などの設定や属性の情報。
ツールバー	画面で操作や命令のアイコンが並んだ帯状の部分。
ブラウザー	ウェブページを表示するためのソフトウエアのこと。
インデント	文書作成ソフトウエアが持つ字下げ機能のこと。
フォント	コンピューター上で使う文字の形のこと。書体とも言う。

テキスト形式	文字だけの簡素なファイル保存の形式のこと。
上書き保存	作業中のファイルを，読み込み時と同じファイル名で同じ場所に保存すること。
ジャム	プリンター内部の紙詰まりのこと。
イジェクト	ＣＤなどを本体から取り出すこと。
バイト	コンピューターの情報量を表す単位のこと。
データベース	データをコンピューターに蓄積しておいて，必要なときに取り出せるようにしたもののこと。
ソート	複数のデータの順番を特定の決まりで並べ替えること。
ファイアウォール	インターネットを経由した不正アクセスを防ぐ仕組みのこと。
アップグレード	改良された新しいソフトウエアに更新すること。
バージョンアップ	ハードウエア，ソフトウエアの性能を向上させること。

2 関連機器の用語

デバイス	何らかの特定の機能を持ったコンピューター内部の装置や周辺機器のこと。 　プリンター，マウスなど。
モバイル	小型パソコンや携帯電話など，外出先や移動中に送受信ができる情報機器のこと。

3 インターネット関連の用語

eコマース	インターネットを利用して，パソコンなどの画面上で行う電子取引のこと。
イントラネット	インターネットの技術を利用して構築される，企業内情報通信システムのこと。
オンライン	入出力装置などの端末装置が，通信回路で中央のコンピューターと直結していること。 　オンラインショップなどがその一例。
POSシステム	レジスターとコンピューターをつないで，商品の動きを即座に把握する販売管理方式のこと。

　　　＊その他では「プロバイダー」などが出題されている。これは，インターネットの接続業者のことである。

4 ファクスの送信

▼ 秘扱いの文書は，原則として送信しないこと。

▼ 重要な要件や急ぎの場合は，ファクスしたことを電話で伝えること。

▼ 1ページ目として，受信者名，発信者名，件名などを書いた送り状を付けること。

▼ 例えば5枚送るときの1枚目には「1／5」などと書き，総数と順番が分かるようにすること。

確認事項

① 『ガイド3』の「事例研究①」と「事例解説」から，**事務機器の機能について，その基本**を確認しておいてください。

② 『ガイド3』の「要点整理」＜事務機器の基本機能について，一応，知っている＞から，事務機器の基本機能と目的，についてその考え方を確認しておいてください。

③ 『ガイド3』の「要点整理」＜出題の視点＞から，①オフィス機器の機能，②コンピューターに関連する用語，③機器の取り扱いとマナー，を確認しておいてください。3級のバリエーションとして出題される場合もありますので，その基本用語は確実に押さえておいてください。

④ 『ガイド3』のリファレンス**「オフィス機器が顧客満足度を高める」**を再読してください。携帯電話とボイスメールを活用して**顧客満足度を高めた株式会社武蔵野のケース**を紹介しています。業務改善の実践例です。

> ＊このケースは，小山登さんの『儲かる「仕組み」作りは…「やらないこと」から決めなさい！』（PHP文庫）からのもの。

⑤ 事務用品

① 事務用品を適切に使うことができる。

1 事務用品を適切に使うことができる

　事務用品の中で特に慎重に扱わなければならないもの。それは「印」でしょう。そして，その押し方には，いろいろな方法があります。

　ところで，上司から契約書を渡され「『消印』を押しておいてください」と言われたとき，さて，あなたならどう対処するでしょうか。その言葉の意味は分かるでしょうか。

　そんな事例があります。検討してみましょう。印の名称とその意味のスタディーです。

事例研究① 事務用品を適切に使うことができる　case study

　次の枠内は，人事課の水木裕子が課長から言われた「印についての説明」である。この説明に該当する印は下の中のどれか，適当と思われるものを一つ選びなさい。

　あまり重要でない文書の発行や物の受領など，日常の用で押す普通の印。

(1)　消印
(2)　封印
(3)　実印
(4)　捨て印
(5)　認め印

事例解説　instructions

適当な選択肢は(5)になります。

　「認め印」は，「確かに品物は受け取りました。間違いありません」との

証しのために押す印です。

　なお，「認めをお願いします」と言われたとき，朱肉を使わないで押せるスタンプ形式のものは，使わない方がよいでしょう。この形式のものは，朱肉を使って押した場合とでは，その印影に耐久性の問題があるからです。押印した伝票は，証しとして保存しておくものですから，なおさらでしょう。

> ＊スタンプ式のもの（ゴム印）は，印面が変形しやすいので印章（はんこ）としては不向きであるといわれている。
>> †なお，実際にはこのスタンプ形式のもので代用しているケースも多い。しかしこれは，日常の荷物の受け取りなどに限られている。
> ＊印影とは，押印された跡のこと。

要点整理　　　　　　　　　　　　　　　　　　　　　　　the main point

事務用品を適切に使うことができる

1 押印することの意味

　品物を受け取った証しに押印する。契約書に署名と押印をする。そして，この全ての行為に責任と義務が伴います。それぐらい押印は重要なのです。従って，ただ押せばいいというわけではないのです。その意味が重要なのです。出題の意図もここにあります。

2 印の呼び方とその用途

　ではここで，選択肢(1)から選択肢(4)までの「印」について見てみましょう。

消　　印	収入印紙を貼ったとき，その収入印紙のへりにかけて押す印のこと。使用済みの印として押す。
封　　印	封筒の封じ目に押す印のこと。「緘」などと彫られている。
実　　印	区役所などに登録してある印鑑で，本人が直接関わっていることを証明するために押す印のこと。
捨 て 印	必要箇所以外に，訂正などの場合を考え，あらかじめ欄外などに押す印のこと。 　捨て印はむやみに押さないこと。

　＊なお，会社には「社印」と「職印」とがある。社印は，そのほとんどが

角印で「Ｆ株式会社之印」などと彫られているもの。職印は，一定の役職にある者を表すために用いる印鑑で「代表取締役之印」「営業部長之印」などと彫られている。そのほとんどが丸印である。

■ 出題の視点

検定問題では，事例研究①に見られるように，「印についての説明」を中心に出題されています。それを，本項の「事例研究」と「要点整理」から再確認しておいてください。

■ 確認事項

① 『ガイド3』の「事例研究①」と「事例解説」から，**事務用品の種類と機能について，その基本**を確認しておいてください。

② 『ガイド3』の「要点整理」＜事務用品の種類と機能とを知っている＞から，①事務用品の種類と機能，②共用備品，の考え方を確認しておいてください。

③ 『ガイド3』の「要点整理」＜出題の視点＞から，①事務用品，②文房具，③オフィス家具，④紙製品，を確認しておいてください。3級のバリエーションとして出題される場合もありますので，その基本用語は確実に押さえておいてください。

④ 『ガイド3』のコラム「機能性の高いオフィス用品を選ぶ」を再読してください。事務用品は，もちろん自分が使うものですが，相手のために使うものでもあるということを紹介しています。事務用品は，相手への配慮の小道具でもあるというわけです。

　　　＊「フリーアドレス」という言葉がある。社員は決まったデスクを持たずに，空いているデスクやテーブルで仕事をするスタイルのことだ。すると，今まで机の引き出しの中に入れていた文房具はどうなるだろうか。それぞれが持ち歩くことになるだろうか。小型化した文具を揃えるなど工夫が必要になるだろう。

記述問題

「Ⅲ対人関係」と同様に「Ⅴ技能」でも，記述形式での問題が出題されています。ここでは，その事例の幾つかを検討してみましょう。選択問題をどの程度理解しているかを見る，いわば**総合実践問題**です。

*「要点整理」と「出題の視点」を確実に理解していれば，十分に対応できる。そしてその基本は，選択問題にある。

事例研究① 情報　　　　case study

人事課研修係で主催する講演会の講師が，Ｙ先生と決まった。そこで担当の大倉美和子は，講師にメールで日時，場所，講演料と支払方法を確認した。これ以外に大倉がＹ先生に確認すべきことを箇条書きで三つ答えなさい。

解 答 例　　　　an answer example

①講師紹介のプロフィル。
②配布資料の有無。
③機材や備品等，こちらで準備しておくもの。

講師に講演をしてもらうとき，話だけをしてもらうというわけにはいかない。講演会で講演の効果を上げるには，予備知識のための資料とか補足のための資料とか，講師のことを知ってもらうなど，必要があればいろいろな準備が必要である。そのような準備について触れてあればよい。解答例の他に，「会場設営，レイアウトの希望」などもよい。

*プロフィルの紹介には，氏名，経歴，資格（専門分野），所属団体，主な著書などがあればよい。

事例研究②-1 ビジネス文書の構成　　　　case study

若尾美奈は係長から，「簡単でよいから，お歳暮の礼状を書くように」と指示され，次の内容を言われた。これに従って，形式の整ったお歳暮の礼状（本文）を書きなさい。

おたくの会社もますます発展していてとても喜ばしい。

さて，今日は，結構なお歳暮を贈ってくれてありがとう。

いつも，気にしてもらって，感謝しています。

何はともあれ，手紙でお礼を述べます。

拝啓　貴社ますますご発展のこととお喜び申し上げます。

さて，本日は，結構なお歳暮をご恵贈くださいましてありがとうございました。

いつもお心にかけていただきまして，感謝しております。

まずは，取りあえず書中をもって御礼申し上げます。　　　敬具

礼状の基本的な書き表し方の一つである。

なお，主文の「さて，本日は，結構なお歳暮をご恵贈くださいましてありがとうございました。いつもお心にかけていただきまして，感謝しております」と，続けて書き表してもよい。

　　　＊『ガイド3』の記述問題②－1（p.261）の実践編。

　　　＊書き表す能力を高めるためには，多くの文例を何度でも音読したり，書き写したりするとよい。これが最良の方法。

事例研究②-2　社内文書の作成　　　　　　　　　　case study

　総務課の岸田直子は，次のような内容の社内文書を作成することになった。これを形式に従って「記」を交えた社内文書にしなさい。

　課内会議を，11月15日（火）15時から16時まで，A会議室で行う。資料は当日配布する。

　　1　発信者　総務課長

　　2　受信者　総務課全員

　　3　発信日　令和○年11月7日

　　4　担当者　岸田（内線123）

【解答例】 **an answer example**

```
                                    令和○年11月7日
総務課員各位
                                        総務課長

              課内会議の開催について

 下記の通り開催するので，出席してください。


                    記
 1  日時  11月15日（火）15時から16時まで
 2  場所  A会議室
 3  資料  当日配布

                                        以上


                              担当  岸田
                              （内線123）
```

　これが社内文書の基本形式。

　なお，本文の「下記の通り開催するので」は，**「標記について，下記の通り開催するので」「課内会議を下記の通り開催するので」**に，また，文書のタイトルは**「課内会議の開催」**などとしてもよい。

> ＊レイアウトについては，『ガイド3』（p.226）を参照のこと。
> ＊社内文では，「開催（いた）しますので」などと，丁寧に書かなくてもよい（『ガイド3』p.219）。

【事例研究②-3】 文書の取り扱い **case study**

　次の場合の適切な郵送方法を答えなさい。

（1）　約束手形を送るとき。

（2）　切手を貼らず，請求書を20社に送るとき。

（3）　出産祝いの祝い金と祝い状を一緒に送るとき。

解答例 / an answer example

(1)（一般）書留

(2)料金別納

(3)現金書留

> ＊その他の出題例としては，「宣伝用の冊子（パンフレット）を送るとき」や「契約書を送るとき」，「発信人が希望した日に，相手に届けてもらう郵便」，などが問われている。答えは順に，「ゆうメール」「簡易書留」「配達日指定郵便」である。

> ＊また，「送付したアンケート用紙を経済的な返送方法で回収するために，返信用封筒はどのようにすればよいか」などの出題もある。答えは「料金受取人払」である。

事例研究③-1　会議 / case study

　渡辺章人は，社内の自主的な勉強会に参加している。それに興味を持った課長から，「今度の課内会議で，勉強の内容と成果について話してもらいたい。あまり時間も取れないので手短に」と指示された。このような場合渡辺は，会議で発言するとき，どのようなことを心がければよいか。箇条書きで三つ答えなさい。

解答例 / an answer example

①発言内容をあらかじめメモしてまとめておく。

②内容と成果に絞って話し，その他は必要なことだけを簡単に話す。

③必要に応じて，資料を配布，または回覧しながら説明する。

　「必要に応じて，図表をボードに貼るなど，簡明に説明する」などもよい。

　なお，「会議で発言するときの心得を箇条書きで答えなさい」という記述問題が出た場合は，①発言は，会議の進行役の許可を得てからにすること。②発言を促されたら，遠慮しないで自分の意見を述べること。③発言は，内容を整理してから，必要なことだけを簡潔に述べること。④感情的にならないように注意し，冷静で論理的な話し方をすること。⑤他の出席

者の発言に対して質問があるときは，その人が最後まで言い終えてから，進行役に質問の許可を得てからすること。などと答えていくとよい。

事例研究③-2 会議の運営　　　　　　　　　case study

　中山秀明は，課内会議の進行役を務めることになった。このような場合，進行役として注意しなければならないことを，箇条書きで三つ答えなさい。

解 答 例　　　　　　　　　　　　　an answer example

①議論が議題からそれないようにする。

②議題が幾つかある場合は，時間配分に注意する。

③最後に決定したことと，次回に回したいことをまとめてメンバーの確認をもらう。

④所定の時間内に終了するようにする。

事例研究④ 事務機器とコンピューター用語　　　　case study

　次はコンピューター用語の説明である。それぞれの名称を答えなさい。

(1)　パソコンで文書の作成や表計算などを行うときのソフトウエア。

(2)　ウェブページを表示するためのソフトウエア。

解 答 例　　　　　　　　　　　　　an answer example

(1)アプリケーション

(2)ブラウザー

事例研究⑤ 事務用品　　　　　　　　　　case study

　次のそれぞれの印を何と言うか。その名称を答えなさい。

(1)　収入印紙や切手などに，使用済みの印(しるし)として押す印。

(2)　市役所などに印影登録しておき，重要書類などに押す印。

(3)　重要書類の数字や文字を書き直したとき，直したことの証明として押す印。

解 答 例　　　　　　　　　　　　　　　an answer example

(1)消印

(2)実印

(3)訂正印

引用・参考文献（順不同・敬称略）

日本経済新聞社編「北裏喜一郎」『私の履歴書 経済人18』所収（日本経済新聞社）

小倉昌男著『小倉昌男 経営学』（日経ＢＰ社）

小倉昌男著『経営はロマンだ！私の履歴書』（日経ビジネス人文庫）

小倉昌男著『福祉を変える経営 障害者の月給一万円からの脱出』（日経ＢＰ社）

野中郁次郎，紺野登著『美徳の経営』（ＮＴＴ出版）

野中郁次郎，遠藤功著『日本企業にいま大切なこと』（ＰＨＰ新書）

村上陽一郎著『歴史としての科学』（筑摩書房）

P.F.ドラッカー著／上田惇生訳『断絶の時代 − いま起こっていることの本質 −』
（ダイヤモンド社）

P.F.ドラッカー著／上田惇生，佐々木実智男，林正，田代正美訳
『すでに起こった未来 − 変化を読む目』（ダイヤモンド社）

P.F.ドラッカー著／上田惇生，佐々木実智男，田代正美訳
『ポスト資本主義社会 − 21世紀の組織と人間はどう変わるか』（ダイヤモンド社）

P.F.ドラッカー著／上田惇生，佐々木実智男訳『新しい現実』（ダイヤモンド社）

P.F.ドラッカー著／野田一夫，村上恒夫監訳『マネジメント（上）』
（ダイヤモンド社）

P.F.ドラッカー著／野田一夫，村上恒夫監訳『マネジメント（下）』
（ダイヤモンド社）

＊『マネジメント』の訳は，風間禎三郎，久野桂，佐々木美智男，
上田惇生による

P.F.ドラッカー著／上田惇生訳『ドラッカー名著集１ 経営者の条件』
（ダイヤモンド社）

P.F.ドラッカー著/上田惇生訳『プロフェッショナルの条件』ダイヤモンド社）

P.F.ドラッカー著／上田惇生編訳『ドラッカー名言集 仕事の哲学』
（ダイヤモンド社）

P.F.ドラッカー著／上田惇生編訳『ドラッカー名言集 経営の哲学』
（ダイヤモンド社）

P.F.ドラッカー著/上田惇生訳『経営者に贈る５つの質問』（ダイヤモンド社）

吉川幸次郎著『論語（上）』（朝日選書）

吉川幸次郎著『論語（下）』（朝日選書）

吉川幸次郎著『「論語」の話』（ちくま学芸文庫）

宇野哲人著『論語新釈』（講談社学術文庫）

貝塚茂樹訳注『論語』（中公文庫）

宮崎市定著『現代語訳論語』（岩波現代文庫）

加地伸行全訳注『論語』（講談社学術文庫）

金谷治訳注『論語』（岩波文庫）

貝塚茂樹訳注「公孫丑章句上」『孟子』所収（講談社学術文庫）

小林勝人訳注「公孫丑章句上」『孟子』所収（岩波文庫）

渋沢栄一著／竹内均編・解説『渋沢栄一「論語」の読み方』（三笠書房）

渋沢栄一著／守屋淳訳『現代語訳 論語と算盤』（ちくま新書）

渋沢栄一著／梶山彬編『論語と算盤』（国書刊行会）

渋沢栄一著／加地伸行訳注『論語と算盤』（角川ソフィア文庫）

新渡戸稲造著／矢内原忠雄訳『武士道』（岩波文庫）

新渡戸稲造著／奈良本辰也訳『武士道』（三笠書房）

大森惠子 抄訳・解説「高校生が読んでいる『武士道』」（角川oneテーマ21）

白川静著『孔子伝』中公叢書

呉智英著『現代人の論語』（文春文庫）

皆木和義著『稲盛和夫の論語』（あさ出版）

『聖書 新共同訳』（日本聖書協会）

トマス・ア・ケンピス著／大沢章，呉茂一訳『キリストにならいて』（岩波文庫）

河野哲也著『道徳を問いなおす』（ちくま新書）

堂目卓生著『アダム・スミス『道徳感情論』と『国富論』の世界』（中公新書）

佐藤幸司著『21世紀型授業づくり59心を育てる「道徳」の教材開発』（明治図書）

越川禮子著『暮らしうるおう江戸しぐさ』（朝日新聞社）

上田惇生著『ドラッカー入門』（ダイヤモンド社）

上田惇生著『ドラッカー 時代を超える言葉』（ダイヤモンド社）

ＮＨＫ「仕事学のすすめ」制作班編『柳井正 わがドラッカー流経営論』
（ＮＨＫ出版）

福澤諭吉著／富田正文校注『福翁自伝』（慶應義塾大学出版会）

望月護著『ドラッカーと福沢諭吉』（祥伝社）

望月護著／竹村健一監修『ドラッカーの予言 日本は、よみがえる』
（祥伝社黄金文庫）

望月護著『［新版］ドラッカーの実践経営哲学』（ＰＨＰビジネス新書）

稲盛和夫著『生き方』（サンマーク出版）

永崎一則著『こころにポッと光をともす本』（ＰＨＰ研究所）

坂本光司著『日本でいちばん大切にしたい会社』（あさ出版）

坂本光司＋坂本研究室著『"弱者"にやさしい会社の話』（近代セールス社）

大山泰弘著『働く幸せ』（ＷＡＶＥ出版）

高嶋建夫著『障害者が輝く組織』（日本経済新聞出版社）

渡邉幸義著『社員みんながやさしくなった』（かんき出版）

ＮＨＫ「仕事学のすすめ」制作班編『柳井正 わがドラッカー流経営論』

（ＮＨＫ出版）

Ｇ・キングスレイ・ウォード著／城山三郎訳

『ビジネスマンの父より息子への30通の手紙』（新潮文庫）

伊藤雅俊著『商いの心くばり』（講談社文庫）

養老孟司，徳川恒孝著『江戸の智恵「三方良し」で日本は復活する』

（ＰＨＰ研究所）

末永國紀著『近江商人』（中公新書）

末永國紀著『近江商人 三方よし経営に学ぶ』（ミネルヴァ書房）

ジェフ・マシューズ著／黒輪篤嗣訳『バフェットの株主総会』（エクスナレッジ）

デール・カーネギー著／山口博訳『人を動かす［新装版］』（創元社）

サミュエル・スマイルズ著／竹内均訳『自助論』（三笠書房）

サミュエル・スマイルズ著／本田健訳『品性論』（三笠書房）

ヒュー・プレイサー著／裳岩ナオミ訳『誠実であるということ』（ヴォイス）

ジェームズ・アレン著／葉月イオ訳『幸福に通じる 心の品格』（ゴマブックス）

ジェームズ・アレン著／坂本貢一訳『「原因」と「結果」の法則』（サンマーク出版）

アレキシス・カレル著／渡部昇一訳『人間 この未知なるもの』（三笠書房）

ミシェル・ド・モンテーニュ著／宮下志朗訳『エセー３』（白水社）

エリック・ホッファー著／中本義彦訳『魂の錬金術』（作品社）

アーサー・ブロック著／倉骨彰訳『マーフィーの法則』（アスキー出版局）

ラ・ロシュフコー著／関根秀雄訳『ラ・ロシュフコー格言集』（白水社）

ラ・ロシュフコー著／吉川浩訳『人生の智恵 －省察と箴言－』（角川文庫）

ラ・ロシュフコー著／二宮フサ訳『ラ・ロシュフコー箴言集』（岩波文庫）

トーマス・カーライル著／石田憲次訳『衣服哲学』（岩波文庫）

アラン著／井沢義雄訳『アラン 人間論』（角川文庫）

アラン著／原亨吉訳『アラン著作集４ 人間論』（白水社）

アリス・カラプリス編／林一，林大訳『増補新版 アインシュタインは語る』

（大月書店）

フリードリヒ・ヴィルヘルム・ニーチェ著／白取春彦編訳『超訳 ニーチェの言葉』

（ディスカヴァー・トゥエンティワン）

前田陽一 責任編集「パンセ」『中公バックス世界の名著29パスカル』所収

（中央公論社）

前田陽一 責任編集「小品集」『中公バックス世界の名著29パスカル』所収

（中央公論社）

エドワード.T.ホール著／國弘正雄，長井善見，斎藤美津子訳
　　　　　　　　『沈黙のことば 文化 行動 思考』（南雲堂）
C・オグデン，I・リチャーズ著／石橋幸太郎訳『叢書 名著の復興5 意味の意味』
　　　　　　　　　　　　　　　　　　　　　　　　　（新泉社）
S.I.ハヤカワ著／大久保忠利訳『思考と行動における言語 原書第四版』
　　　　　　　　　　　　　　　　　　　　　　　（岩波書店）
中西進著『日本人の愛したことば』（東京書籍）
芳賀綏著『日本人らしさの構造－言語文化論講義』（大修館書店）
池見西次郎，杉田峰康著『セルフ・コントロール』（創元社）
吉田章宏編著『心に沁みる心理学 －第一人称科学へのいざない－』（川島書店）
本明寛著『企業社会と態度能力』（ダイヤモンド社）
齊藤勇編『人間関係の心理学』（誠信書房）
齊藤勇編『対人心理学トピックス100』（誠信書房）
齊藤勇著『自分を棚にあげて平気でものを言う人』（祥伝社新書）
内藤誼人著『交渉力養成ドリル』（ダイヤモンド社）
高橋浩著『人づきあいを財産にする法－人間交流分析による
　　　　　　　　　　　　　　　90のポイント－』大和出版
スティーブン・R・コヴィー，ジェームス・J・スキナー著／川西茂訳『7つの習慣』
　　　　　　　　　　　　　　　　　　　　（キング・ベアー出版）
松本聡子著『あなたは人にどう見られているか』（文春新書）

寺田寅彦著『寺田寅彦随筆集 第四巻』（岩波文庫）
吉本隆明著『真贋』（講談社インターナショナル）
岡潔著『春宵十話』（光文社文庫）
池田潔著『自由と規律』（岩波新書）
小林秀雄著「断想」『小林秀雄全作品5「罪と罰について」』所収（新潮社）
サント・ブーヴ著／小林秀雄訳「我が毒」『小林秀雄全集12我が毒』所収（新潮社）
小林秀雄著「論語」『小林秀雄全作品22 近代絵画』所収（新潮社）
小林秀雄著「道徳について」『小林秀雄全作品13「歴史と文学」』所収（新潮社）
小林秀雄著「批評」『小林秀雄全作品25「人間の建設」』所収（新潮社）
小林秀雄著「対談／人間の建設（岡潔・小林秀雄）」
　　　　　　　　『小林秀雄全作品25「人間の建設」』所収（新潮社）

マイケル・サンデル著／鬼澤忍訳『これからの「正義」の話をしよう』（早川書房）
マイケル・サンデル著／NHK「マイケル・サンデル究極の選択」制作チーム編
　『マイケル・サンデル大震災特別講義　私たちはどう生きるのか』（NHK出版）
小林正弥著『サンデルの政治哲学』（平凡社新書）

ジョン・ロールズ著／川本隆史，福間聡，神島裕子訳『正義論 改訂版』
（紀伊國屋書店）

田坂広志著『プロフェッショナル進化論』（ＰＨＰビジネス新書）

田坂広志著『プロフェッショナル講座 営業力』（ダイヤモンド社）

田坂広志著『これから何が起こるのか 我々の働き方を変える「75の変化」』
（ＰＨＰ研究所）

松田公太著『仕事は５年でやめなさい。』（サンマーク出版）

藤田晋著『藤田 晋の成長論』（日経ＢＰ社）

藤田晋著『藤田 晋の仕事学』（日経ＢＰ社）

平川克美著『ビジネスに「戦略」なんていらない』（洋泉社 新書ｙ）

長谷部誠著『心を整える。』（幻冬舎）

佐々木則夫著『なでしこ力（ちから）』（講談社）

海原純子著『わたしを磨く仕事の作法』（sasaeru文庫）

司馬遼太郎著『街道をゆく24　近江散歩 奈良散歩』（朝日新聞社）

白洲正子著『近江山河抄 現代日本のエッセイ』（講談社文芸文庫）

佐藤忠良，安野光雅著『若き芸術家たちへ──ねがいは「普通」』中公文庫）

佐藤清郎訳編『チェーホフの言葉（新装版）』（彌生書房）

小津次郎，関本まや子訳編『シェイクスピアの言葉（新装版）』（彌生書房）

諸兄邦香著『シャーロック・ホームズからの言葉
──名せりふで読むホームズ全作品』（研究社）

ダンテ・アリギエーリ著／平川祐弘訳『神曲 煉獄篇』（河出文庫）

ユーゴー作／豊島与志雄訳『レ・ミゼラブル（一）』（岩波文庫）

シェイクスピア作／平井正穂訳『ロミオとジューリエット』（岩波文庫）

シェイクスピア作／福田恆存訳「ロミオとジュリエット」
『新潮世界文学１シェイクスピアⅠ』所収（新潮社）

シェイクスピア作／福田恆存訳「ハムレット」『新潮世界文学１シェイクスピアⅠ』
所収（新潮社）

シェイクスピア作／福田恆存訳「オセロー」『新潮世界文学１シェイクスピアⅠ』
所収（新潮社）

シェイクスピア作／福田恆存訳「リチャード三世」
『新潮世界文学２シェイクスピアⅡ』所収（新潮社）

シェイクスピア作／中野好夫訳『ヴェニスの商人』（岩波文庫）

シェイクスピア作／中野好夫訳『ジュリアス・シーザー』（岩波文庫）

シェイクスピア作／木下順二訳『マクベス』（岩波文庫）

シェイクスピア作／木下順二訳「リチャード二世」『シェイクスピアⅢ』
所収（講談社）

240

松尾聰，永井和子校注・訳『新編日本古典文学全集18枕草子』（小学館）

浅見和彦校注・訳『新編日本古典文学全集51十訓抄』（小学館）

上坂信男，神作光一，湯本なぎさ，鈴木美弥全訳注『枕草子（中）』

（講談社学術文庫）

荒木見悟，井上忠校注「五常訓」『日本思想体系34 貝原益軒 室鳩巣』所収

（岩波書店）

夏目漱石『吾輩は猫である』（岩波文庫）

宮沢賢治『宮沢賢治全集9「書簡」』（ちくま文庫）

太宰治「おしゃれ童子」『太宰治全集3』所収（ちくま文庫）

太宰治「人間失格」『太宰治全集9』所収（ちくま文庫）

芥川龍之介「侏儒の言葉」『芥川龍之介全集7』所収（ちくま文庫）

村上春樹著「タクシーに乗った男」『回転木馬のデット・ヒート』所収（講談社文庫）

綿矢リサ『蹴りたい背中』河出文庫

齋藤孝監修『かなしみはちからに 心にしみる宮沢賢治のことば』（朝日新聞出版）

松岡正剛著『多読術』（ちくまプリマー新書）

村上龍著『無趣味のすすめ』（幻冬舎）

石田衣良著『傷つきやすくなった世界で』（日本経済新聞出版社）

曾野綾子著『二十一世紀への手紙』（集英社）

小沢征爾，村上春樹『小沢征爾さんと、音楽について話をする』（新潮社）

樋口裕一著『音楽で人は輝く』（集英社新書）

つかこうへい著『娘に語る祖国』（光文社文庫）

茨木のり子『倚りかからず』(筑摩書房）

柴田トヨ著『くじけないで』（飛鳥新社）

柴田トヨ著『百歳』（飛鳥新社）

糸井重里，「ほぼ日刊イトイ新聞」著

『できることをしよう。ぼくらが震災後に考えたこと』（新潮社）

経営書院編『改訂10版 社内規程百科』（経営書院）

経営書院編『改訂新版 組織分掌規程総覧』（経営書院）

実務教育出版編『まるごと入門 総務・人事の仕事』（実務教育出版）

服部英彦監修『図解でわかる現場の仕事 総務部』

（インデックス・コミュニケーションズ）

君島邦雄監修『図解でわかる現場の仕事 広報・ＩＲ部』

（インデックス・コミュニケーションズ）

君島邦雄著『社会との良好な関係を築く 広報の基本』（産業編集センター）

笠原清明監修『図解でわかる現場の仕事 経理部』

（インデックス・コミュニケーションズ）

リー・コッカレル著／月沢李歌子訳
『感動をつくる ──ディズニーで最高のリーダーが育つ10の法則』（ダイヤモンド社）
村松友視著『帝国ホテルの不思議』（日本経済新聞出版社）
板坂元著『紳士の小道具』（小学館）
板坂元著『男の装い』（ＰＨＰ研究所）
岩崎峰子著『祇園の教訓』（幻冬舎）
坂東眞理子著『女性の品格』（ＰＨＰ新書）
橋本保雄著『ホテルオークラ＜橋本流＞大人のマナー』（大和出版）
林田正光著『あらゆることが好転していくご挨拶の法則』（あさ出版）
林田正光著『リッツ・カールトンで学んだ仕事でいちばん大事なこと』（あさ出版）
青木テル著『ビジネスマナー』（早稲田教育出版）
西出博子著『完全ビジネスマナー』（河出書房新社）
西出博子著『オックスフォード流「儲かる」ビジネスマナー術』（ＰＨＰ研究所）
西出博子著『成功と幸せをつかむ 英国式ありがとうの会話術』（日本実業出版社）
西出博子著『オックスフォード流 一流になる人のビジネスマナーの本』
　　　　　　　　　　　　　　　　　　　　　　　　　　（青春出版社）
弘兼憲史＆モーニング編集部監修『島耕作クロニカル1970 〜 2006』（講談社）
幸運社編『美しい日本の習慣』（ＰＨＰ文庫）

石黒圭著『文章は接続詞で決まる』（光文社新書）
浅利慶太著『時の光の中で 劇団四季主宰者の戦後史』（文春文庫）
文化審議会国語分科会答申『敬語の指針』（文化庁）
萩野貞樹著『ほんとうの敬語』（ＰＨＰ新書）
永崎一則著『インストラクターをめざす人のために
　　　　　　　　　　コミュニケート能力の学び方 教え方 』（早稲田教育出版）
永崎一則著『正しい敬語の使い方』（ＰＨＰ研究所）
永崎一則著『ビジネスマンのための 話し方・聞き方ハンドブック』（ＰＨＰ研究所）
永崎一則著『魅力的女性は話し上手 聡明でセンスある話し方・聞き方』（三笠書房）
永崎一則著『誰もが共感する 話力のプレゼンテーション』（ＰＨＰ研究所）
永崎一則著『確かな説明力をつける本』（ＰＨＰ研究所）
永崎一則著『職場の話し方・聞き方−人を生かすコミュニケーション管理』
　　　　　　　　　　　　　　　　　　　　　　　　　　（日本労働協会）
関根健一著『笑う敬語術』（勁草書房）

泉正人著『「仕組み」整理術』（ダイヤモンド社）
泉正人著『最少の時間と労力で最大の成果を出す「仕組み」仕事術』
　　　　　　　　　　　　　　　（ディスカヴァー・トゥエンティワン）

安宅和人著『イシューからはじめよ 知的生産の「シンプルな本質」』（英治出版）
勝間和代著『効率が10倍アップする新・知的生産術
　　　　　　　　　　　　－自分をグーグル化する方法－』（ダイヤモンド社）

三島由紀夫著『文章読本』（中公文庫）
安田賀計著『ビジネス文書の書き方＜第2版＞』（日経文庫）
村上龍著『ｅメールの達人になる』（集英社新書）
神舘和典著『「メール好感度」を格段に上げる技術』（新潮新書）

野口悠紀雄著『超「超」整理法』（講談社）
野口悠紀雄著『「超」整理法』（中公新書）
本田直之著『仕事に役立ち、継続的なリターンを得る レバレッジ勉強法』
　　　　　　　　　　　　　　　　　　　　　　　　（大和書房）
山崎将志著『会議の教科書』（ソフトバンク クリエイティブ）
釘山健一著『「会議ファシリテーション」の基本がイチから身につく本』（すばる舎）
マイケル・ドイル，デイビット・ストラウス著／斎藤聖美訳
　　　　　　　　　　　　　『会議が絶対うまくいく法』（日本経済新聞社）
オダギリ展子著『オフィス事務の上手なすすめ方』（同文館出版）
オダギリ展子著『最強の文具活用術』（ＰＨＰ研究所）
日本能率協会マネジメントセンター編『文具200％活用術』
　　　　　　　　　　　　　　　（日本能率協会マネジメントセンター）
土橋正著『文具の流儀』（東京書籍）
小山龍介，土橋正著『ステーショナリー ハック』（マガジンハウス）

松村明，三省堂編修所編『大辞林』（三省堂）
松村明監修『大辞泉』（小学館）
新村出編『広辞苑 第六版』（岩波書店）
時田昌瑞著『岩波ことわざ辞典』（岩波書店）
三省堂編修所編『新明解四字熟語辞典』（三省堂）
山田忠雄（主幹），柴田武，酒井憲二，倉持保男，山田明雄編
　　　　　　　　　　　　　『新明解国語辞典 第七版』（三省堂）
佐橋法龍著『禅語小辞典』（春秋社）

「日本経済新聞」（日本経済新聞社）
「日経流通新聞」（日本経済新聞社）
「読売新聞」（読売新聞社）
「毎日新聞」（毎日新聞社）

「産経新聞」（産経新聞社）
「朝日新聞」（朝日新聞社）
ヤマトホールディングス株式会社「ホームページ」http://www.yamato-hd.co.jp
株式会社小松製作所「ホームページ」
公益財団法人ヤマト福祉財団「ホームページ」

本書を編集するに当たって，以上の書籍等を引用，参考にさせていただきました。
この場を借りて，御礼申し上げます。

ビジネス系検定 公式受験参考書

■秘書検定

集中講義　3級/2級/準1級/1級

パーフェクトマスター　3級/2級/準1級

クイックマスター　3級/2級/準1級

実問題集　3級/2級/準1級/1級

新クリアテスト　3級/2級/1級・準1級

受験ガイド　3級

■ビジネス文書検定

受験ガイド　3級/1・2級

実問題集　3級/1・2級

■ビジネス実務マナー検定

受験ガイド　3級/2級/1級

実問題集　3級/1・2級

■サービス接遇検定

公式テキスト　3級/2級

受験ガイド　準1級/1級

実問題集　3級/1-2級

ビジネス実務マナー検定受験ガイド2級〈増補版〉

2020年 3 月10日　　初版発行
2023年 5 月 1 日　　第 3 刷発行

編　　者　　公益財団法人 実務技能検定協会©
発行者　　笹森 哲夫
発行所　　早稲田教育出版
　　　　　〒169-0075　東京都新宿区高田馬場一丁目4番15号
　　　　　株式会社早稲田ビジネスサービス
　　　　　https://www.waseda.gr.jp/
　　　　　電話 (03) 3209-6201